B.S.A
THE RALEIGH
NOTTINGHAM
ENGLAND
MARCA DI FABBRICA
STUCCHI & C
MILANO
CYCLE AGENT
SADDLER, &c
R. J. BEER
22, HIGH St
STREET & CANNINGTON
Currys
GLADIATOR
SUN
WORKSOP

Vive le vélo!

PRESSURE

Vive le vélo !

Chris Haddon

Photographies de **Lyndon McNeil**

Sommaire

Introduction

Beaucoup d'entre nous se souviennent de leur premier vélo et la vie n'aurait pas la même saveur sans ces souvenirs de jeunesse. Quelle joie de posséder enfin un vélo ! D'entrer dans un magasin pour se ruer sur le modèle dont on rêve, sans prêter attention à l'odeur entêtante de caoutchouc et de métal, simplement émerveillé à l'idée d'avoir plus de vitesses sur sa bécane que le copain en bas de la rue ! Quel bonheur de parcourir les rues de son quartier pendant des heures et de lâcher le guidon de temps en temps pour se mettre au défi. On se souvient tous d'avoir dévalé des pentes en héros, tête baissée, manquant perdre le contrôle et nous cramponnant au guidon de toutes nos forces ! Bref, vous aurez compris que vous avez affaire à un trentenaire qui se remémore ses souvenirs d'enfance. Et je suis prêt à parier que j'ai déjà réussi à en émouvoir plus d'un !

Si le vélo occupe toujours une place aussi importante dans nos vies, c'est bien évidemment parce que cette invention des années 1890, d'une simplicité confondante, est devenue un moyen de transport privilégié pour beaucoup d'entre nous, mais pas seulement. Le vélo nous touche car il symbolise l'insouciance de l'enfance et nous fait revivre ces jours heureux. Il fait de la résistance ! Et en dépit de toutes les avancées modernes, il n'est jamais démodé et reste un passe-temps apprécié de personnes de tous horizons.

Aujourd'hui, le vélo, c'est tendance ! Les grands cyclistes sont devenus de véritables célébrités et ont enfin droit au statut de superstar. Il compterait même de plus en plus d'adeptes. Le cyclisme est au sommet de sa popularité et cela n'est pas prêt de s'arrêter. Des boutiques de vélos et des « cafés-vélo » ont ouvert, de nouvelles modes (et pas seulement le lycra) ainsi que pléthore de produits dérivés, signe de ce regain spectaculaire pour le vélo, ont vu le jour.

Peut-être possédez-vous déjà un modèle précurseur avec des jantes larges, un vélo de ville à panier, un grand-bi, ou un vélo d'occas' déniché dans un bric-à-brac. Mais peut-être cherchez-vous encore la perle rare – un compagnon vintage exhibant un pedigree impressionnant – et souhaitez-vous à tout prix éviter un vélo ordinaire acheté dans le commerce. C'est le moment idéal pour découvrir les différentes marques qui existent et toutes les initiatives que les vélos suscitent.

Bien sûr, le cyclisme présente quelques inconvénients : vous êtes à la merci d'une averse, des conducteurs impatients et des voleurs de vélos. Malgré tout, le temps de ce livre, laissons ces aspects négatifs de côté – d'autant que les points positifs sont bien plus nombreux ! Le vélo est par définition propre, écolo, agréable, convivial, relativement bon marché ; c'est un moyen de transport rapide en ville et il est indéniablement idéal pour faire de l'exercice.

Je suis parti dans le monde entier pour rencontrer des fanatiques du vélo car c'était la seule manière de rendre justice à un sujet aussi universel. Mon but : saisir furtivement la personnalité de ceux qui ont su repousser les limites de l'accomplissement personnel en relevant des défis époustouflants ou de ceux qui sont désormais reconnus pour leur excellence sportive. Pour certains, le défi consiste à utiliser le vélo de façon alternative et parfois artistique ; d'autres montrent avec humour et passion le rôle crucial que le vélo peut jouer dans une vie. Arrivent ensuite les collectionneurs, les designers, les clubs, les professionnels et les particuliers pour qui le vélo reflète leur style ou leur créativité.

Lyndon et moi nous sommes rendus à Londres, à Paris, à Bruges, à Amsterdam, en Cornouailles, en Écosse, et à New York. Avec l'aide d'autres photographes de talent, nous avons poussé jusqu'à Pékin, l'Iowa, le Tennessee, ou l'Oregon, jusqu'en Italie et en Afrique. Les individus qui figurent dans cet ouvrage sont de vrais passionnés de vélos. À chaque fois que cela a été possible, ils ont été photographiés « au naturel », dans leur environnement.

Nous sommes repartis des prises de vue amusés, ébahis ou touchés – parfois les trois à la fois –, transcrivant par la suite, de notre mieux, ce que nous avions vu et entendu. Je peux affirmer que Lyndon et moi avons pris beaucoup de plaisir à réaliser ce livre. Par conséquent, nous sommes profondément reconnaissants aux personnes qui nous ont accordé du temps et ont permis que cet ouvrage existe. En substance, *Vive le vélo !* dit que le cyclisme transcende les discriminations de race, de genre, d'âge, de richesse ou de classe. Je n'ai qu'un regret : je n'ai jamais réussi à apprendre à ma belle-mère à faire du vélo. Pour une raison ou une autre, elle n'a jamais réussi...

Peut-être êtes-vous un rouleur chevronné ou un cycliste en herbe ; une personne à la recherche d'une activité saine ou d'un moyen de transport moins coûteux ; peut-être êtes-vous en quête d'une nouvelle manière de voyager, pour explorer les lieux de façon plus intime. Peut-être envisagez-vous le vélo comme un moyen d'expression artistique ou une manière de faire de nouvelles rencontres. Quel que soit votre profil, ce livre a pour but de vous faire découvrir toutes les possibilités qu'offre le vélo et d'ouvrir ainsi vos perspectives.

New York

Amsterdam

Le vélo rassemble

Si on décide de consacrer un livre aux vélos, impossible de passer outre cette évidence : le vélo rassemble. Les amoureux des bicyclettes, les passionnés, forment des communautés, se retrouvent dans des clubs ou fondent des magasins pour prolonger leur passion du vélo. Ces *aficionados* font naître de nouvelles tendances qui, à leur tour, font de nouveaux adeptes. Ainsi, la culture du vélo est en constante évolution et la communauté des cyclistes ne cesse de grandir.

La culture du vélo est vaste et diversifiée. C'est indéniable, quelques villes sont en avance sur les autres. Amsterdam par exemple, où la culture du vélo est si profondément enracinée que la voiture joue les seconds rôles. Pour certains, posséder une bicyclette est bien plus qu'un simple loisir, c'est une philosophie.

Dans ce chapitre, vous ferez la connaissance de Briggy et visiterez sa « cabane à vélos ». Les vélos ont beau être au cœur de son affaire, ses motivations sont bien profondes. Son but c'est d'aider les autres et de leur consacrer du temps. Sa « cabane » est un véritable lieu de rencontres et d'échanges au sein de la ville.

L'esprit de camaraderie qui se dégage de collectifs comme le club du jeudi est indéniable. Malgré leur âge avancé, ses membres refusent de ralentir la cadence, à un moment où la plupart d'entre nous préféreraient un fauteuil confortable et des chaussons. Il y a aussi le ministère des bicyclettes, dont les membres venus de tous les horizons se réunissent un soir par semaine pour bricoler des vélos. Sans oublier une joyeuse bande pour qui il faut « garder l'allure... avec allure ! », et ce club de cyclistes de Brooklyn dont les membres exhibent fièrement leurs vélos. Ce chapitre vous donnera l'opportunité d'explorer les différentes facettes de la culture du vélo, qui rassemblent tous les amoureux du cyclisme.

La cabane à vélos

« Si elle était plus sophistiquée, ma cabane n'aurait plus le même charme », confie Briggy. Arrivé en 2002 des Bahamas, Briggy a monté son affaire de réparation de vélos : « La cabane à vélos de Briggy ». Il a gardé le style décontracté des Caraïbes et travaille aujourd'hui dans un endroit qui sort de l'ordinaire – un entrepôt à l'écart des étals d'un marché, à deux pas de la gare de Waterloo, à Londres.

« Ne vous attendez surtout pas à des installations dernier cri ! En revanche, vous entrerez dans un lieu dédié aux passionnés des vélos. Visitez ma cabane, servez-vous de mes outils : c'est gratuit. Si je peux vous aider, je le ferai de bon cœur – pour certains, le vélo est leur seul moyen de transport. Récemment, j'ai sauvé des vélos qui partaient à la benne. Il ne m'a pas fallu longtemps pour les remettre en état et je les ai donnés à des gens qui en avaient bien besoin. Je n'ai pas vraiment le sens des affaires, vous l'aurez compris, mais l'argent n'est pas tout. »

Briggy répare et vend tous types de vélos, des vintages aux plus neufs, des fixies aux vélos de course.

« J'aime que les gens fassent un saut à ma cabane. En fait, elle ressemble plus à un centre communautaire pour cyclistes ! Les commerces du coin me donnent de la nourriture pour les sans-abri qui passent souvent me voir car ils savent qu'ils trouveront toujours quelque chose à boire et à manger. Je traite les gens avec amour et respect.

BRIGGY'S
BIKE
SHACK

Je n'entre pas vraiment dans une case en matière de vélos. Je cours au niveau semi-professionnel, vêtu d'un lycra, mais je n'ai pas peur de tomber le lycra ou le bleu de travail quand je participe à la Tweed Run de Londres où l'on doit revêtir son plus beau tweed ! Je prends alors mon fidèle – mais très lourd – vélo Raleigh des années 1920. C'est une bécane solide, aux antipodes de mon vélo de course en fibre de carbone !

Je crains que mes jours ici ne soient comptés. Ça me fendrait le cœur de devoir partir, mais je ne suis là que grâce à un accord tacite. Le quartier est en train de changer et ma cabane ne se fond pas vraiment dans le décor.

Fixed'n chips

« La perplexité a fait place à la curiosité... puis ça a tourné à l'obsession », se souvient Gavin Strange, designer en chef et directeur artistique du service numérique (ou, plus précisément, du service « pâte à modeler », célèbre pour ses personnages Wallace et Gromit) d'Aardman Animations. « Tout a commencé lorsqu'un de mes amis a reçu ce qu'on appelle un vélo à pignon fixe. Que ce vélo Bianchi vert pastel puisse être aussi beau en étant aussi épuré, sans toutes les "pièces" habituelles, me fascinait. Après m'être laissé persuader de l'essayer, j'ai fait un tour dans la rue, naïvement, et sans avoir aucune idée de ce que je faisais... J'étais terrifié ! Je n'étais pas vraiment séduit car je ne pouvais pas avancer en roue libre... mais sa simplicité et sa pureté, ainsi que les possibilités de customisation qu'il offrait, ont fini par me séduire. Cinq ans plus tard, me voilà converti ! J'ai trois fixies immaculés, de véritables objets d'art, dont mon "Liberace 2 : le Phénix" – plus gros, plus performant et surtout plus rose que le "Liberace 1", mon premier vélo, qui a malheureusement été volé.

« Je préfère les balades tranquilles aux longues distances et aux records de vitesse. Toutes les semaines, j'organise un événement qu'on appelle la balade "Frites et vélos" : on se retrouve tous dans le centre-ville, on fait un petit tour et on finit à la friterie pour papoter. Cette balade a donné naissance à la Fixed'n'chips, une course informelle animée du même esprit. Elle est basée sur un système de points et non sur le temps. Le premier coureur à atteindre chacun des cinq postes de contrôle – des friteries – reçoit dix points ; le deuxième, neuf points, et ainsi de suite. Les coureurs peuvent décider de s'arrêter à un poste de contrôle pour engloutir une saucisse frites (ou une purée de petits pois) et gagner cinq points supplémentaires. Tout est affaire de stratégie, puisque le gagnant ne sera pas forcément celui qui ira le plus vite... Les coureurs peuvent choisir un rythme plus régulier et profiter d'un snack à tous les postes de contrôle !

Je ne fais qu'apporter ma contribution à la très hétéroclite communauté cycliste. »

Fish & Chip
Shops

Le club du jeudi

« C'était une erreur involontaire de ma part et certainement pas la preuve de mon amour du bon vin ! s'amuse John Rhodes, un ancien coureur automobile. Lorsque j'ai mis un terme à ma carrière de pilote, on m'a invité à rejoindre un club de cyclisme. Je pensais que cela consistait à faire la tournée des pubs à vélo avec d'autres retraités, et je trouvais que c'était une excellente idée. Lors de ma première sortie, après être passé sans nous arrêter devant plusieurs pubs, j'ai compris qu'il s'agissait d'un club très sérieux ! Chaque semaine, on part pour une bonne soixantaine de kilomètres sur les petites routes de notre région. J'ai vite été rassuré : on s'arrête au moins une fois au pub sur la route ! » John court sur un vélo plutôt basique, mais ses camarades, eux, ont des vélos de styles très différents : des modèles classiques comme des plus modernes avec cadre en acier.

Les membres du club sont des coureurs professionnels à la retraite (pas de lycra pour moi, je suis plus du genre pantalon, chemise et cravate), ou des

cyclistes amateurs chevronnés qui ont tous, pour le dire poliment, quelques années au compteur ! Notre plus jeune membre a 55 ans ; le plus âgé, 93. À 85 ans, je ne suis plus tout jeune, mais j'ai encore de belles balades devant moi. Ma femme insiste pour que je prenne un portable en cas d'urgence. Cela m'allait très bien jusqu'à ce que je me casse la figure, que j'atterrisse sur ledit téléphone et l'écrase aussi sec !

Notre club est très informel, nous n'avons qu'un minimum de règles : pas de femmes (pas vraiment politiquement correct de nos jours !) et interdiction de se faire enterrer un jeudi (même si on a le droit de mourir ce jour-là), car cela nous priverait d'une bonne journée de vélo. C'est macabre, j'en conviens mais on a appris à rire de ce genre de choses à notre âge.

Le club a été créé en 1977 par Eddie Shingler et Norman Hazelock. Tous deux ne sont malheureusement plus à nos côtés aujourd'hui, mais ils ont continué à rouler jusqu'à 90 ans passés. Tous les ans, le jour de l'anniversaire d'Eddie, sa fille nous offre une bouteille de whisky et nous levons notre verre en souvenir de nos camarades qui ont à jamais raccroché le maillot. »

Le guide

«Mon but, c'est de rendre chaque vélo unique, en explorant tous les designs possibles. Je crée des vélos sur mesure et c'est un réel plaisir de travailler en étroite collaboration avec chaque client», explique Thomas Callahan, fabricant de vélos chez Horse Cycles, à Brooklyn.

«Avant de fonder Horse Cycles, savoir d'où venaient les vélos ou comment ils étaient fabriqués ne m'avait jamais traversé l'esprit... Comme je suis plutôt du genre manuel, j'ai appris à les faire moi-même et, aujourd'hui, c'est toute ma vie.»

Thomas se décrit comme un «guide», il aide ses clients à choisir toutes les pièces et tous les détails de leur vélo. Il prend les mesures (une vingtaine) de ses clients et les observe en train de pédaler sur leur ancienne bécane. Puis il leur demande ce qu'ils aiment et n'aiment pas. C'est comme ça qu'il peut créer un vélo unique pour chacun.

«C'est mon amour du grand Ouest américain et des vieux westerns qui m'a servi d'inspiration pour Horse Cycles. Tout est question de liberté de mouvement : ne pas dépendre des voitures, ni des transports publics. Pouvoir se déplacer, quand l'envie vous en prend, et se laisser porter. Se déplacer à bicyclette a un effet très positif sur le corps et l'esprit. Si je construis des vélos pour les autres, c'est dans l'espoir qu'ils puissent profiter de tous ces petits plaisirs qui me sont si chers.»

La coopérative

Au début des années 1980, l'Angleterre, et le quartier londonien de Brixton en particulier, était en proie à la récession et aux émeutes – pas vraiment le meilleur moment pour se lancer dans le commerce ! Sans se laisser décourager, trois cyclistes, Tim, Tom et Paul, ont décidé d'ouvrir un établissement pour les passionnés dans leur genre. Nigel, qui travaille aujourd'hui chez Brixton Cycles, raconte : « En 1983, avec l'aide d'une subvention pour la création d'entreprise, Brixton Cycles, une coopérative de travailleurs, a ouvert dans un quartier que même l'agent immobilier le plus inventif n'aurait imaginé décrire à l'époque comme "plein d'avenir" ! »

Des moments difficiles ont suivi, mais les trois amis ont réussi à survivre aux premières années, très formatrices. Brixton Cycles s'est forgé la réputation d'être un magasin honnête, vendant des produits de qualité et excellant dans l'art de la réparation. Nancy a alors rejoint le trio. Aidé par le boom du cyclisme du milieu des années 1980 (quand les VTT ont débarqué de leur Californie ensoleillée), Brixton Cycles

a continué son chemin. Malgré tout, dans les années 1990, trois de ses précurseurs ont choisi d'embrasser de nouvelles carrières – en lien avec le vélo pour la plupart –, laissant Paul être leur seul porte-drapeau, aidé d'une équipe de salariés à mi-temps. Plus tard, une nouvelle équipe est arrivée. En 2001, ils ont réimplanté le magasin près de ce que les gens du coin appellent « Brixton Plage ».

Nigel poursuit : « En ce moment, nous sommes treize... tous passionnés de vélos. Il ne reste plus aucun des membres fondateurs de la coopérative – Paul a raccroché dans les années 1990. Notre coopérative est prospère et nous n'avons pas de règles fixes : tout le monde a son mot à dire, le même salaire, les mêmes droits et les mêmes responsabilités. Alors, ne demandez pas à voir le patron ! Un patron, ça coûte trop cher, ce n'est pas très efficace, pas vraiment marrant, ni nécessaire... Bref, vous n'en trouverez pas chez nous ! »

La compagnie des vieux vélos

Dans la campagne anglaise du comté d'Essex, plusieurs fermes forment la compagnie des vieux vélos. C'est une véritable mine aux trésors – un vrai paradis pour les amoureux du vélo. Le propriétaire, Tim Gunn, explique : « Je sais que j'ai trop de vélos mais, dès que je les vends, on m'en donne d'autres ! »

La fascination que Tim voue aux vélos remonte à l'enfance. Son père était restaurateur de voitures et emmenait souvent son petit garçon voir des expositions de voitures et de bicyclettes.

« J'ai des vélos qui datent de la fin des années 1880. Pourtant, si on me demandait d'en choisir un, et un seul, mon choix se porterait sur ce qui semble à première vue n'être qu'un banal vélo français, que j'ai racheté à un autre collectionneur. Je sentais que c'était un objet intéressant : sous son aspect ordinaire – à savoir un cadre droit et des garde-boue – se cachait un impressionnant pedigree sportif. Ce n'était qu'une intuition, mais je l'ai acheté

SHOP

MOTOR
BP
SPIRIT
ONS TEA
No
Smoking

quand même. Après avoir effectué quelques recherches, j'ai appris qu'il s'agissait d'un vélo de course que Victor Fontan avait utilisé sur le Tour de France à la fin des années 1920. »

Ce vélo à pignon fixe, à une seule vitesse, est bien loin des modèles modernes. À l'époque, avant d'attaquer une descente, le coureur devait mettre pied à terre et retourner la roue arrière pour passer en roue libre grâce au moyeu flip-flop.

« De temps à autre, je décide de tout sortir des granges, dans la ferme intention de trier et de cataloguer. Malgré tout, la pile du "à garder" est toujours plus haute que celle du "à jeter", et tout ce que je sors finit toujours par retrouver sa place ! Dans le même ordre d'idée, on dit que "tout ce qui monte finit par redescendre", ce qui m'amène habilement à ma dernière acquisition : un hélicoptère à pédales qui date de Mathusalem… Il a été trouvé dans un grenier, en France, et Dieu seul sait comment il a atterri là ! Je ne pouvais pas passer à côté : il me le fallait dans ma collection. Un gros travail m'attend pour le remettre en état de voler… ! Mais je suis bien décidé à essayer, vous pouvez me croire ! »

Le club des coureurs classiques

Leur veste et leur maillot exhibent fièrement l'emblème de leur club. Pour le président du club des coureurs classiques, Eddie, et ses membres (Elia, Jessy, Tacatan, Jorge, Betto, Javy et Bill), posséder un vélo Schwinn est une vraie fierté et perpétue une tradition. On croise souvent ses membres dans les rues de New York. Leurs vélos sont impeccables, remis dans leur état d'origine ou customisés – souvent ornés de pièces rares comme des vieux klaxons, banderoles ou radios.

Fondée en 1895 à Chicago, l'enseigne Schwinn est à l'origine de nombreuses innovations en termes de design, comme l'Aero Cycle, très profilé, ou la fourche Spring. Que la communauté latino choisisse une marque vintage telle que celle-ci peut sembler étrange, mais Eddie nous explique ce choix : « La communauté portoricaine de New York apprécie tout particulièrement les vélos vintage de la marque Schwinn. Cet amour remonte à l'époque où nous vivions à Porto Rico, car il y avait une usine Schwinn sur l'île. Ceux qui pouvaient se payer un vélo choisissaient forcément un Schwinn. Quand nous nous sommes installés aux États-Unis, nous avons emmené nos vélos Schwinn à la parade annuelle portoricaine de New York, et c'est devenu une tradition. Pour beaucoup d'entre nous, notre vélo est plus précieux que de l'or ! »

& Rugs
ALE - RETAIL
ptrugs.com

(718)

Le ministère des bicyclettes

«Le lundi soir, c'est l'heure du vélo et de la détente», confie Bill. Contrairement à ce que leur nom pourrait laisser penser, Bill et ses acolytes ne sont pas des fonctionnaires au service du gouvernement – loin de là. Comme le dit Bill : «Je mets n'importe quel gouvernement au défi de mettre son nez dans nos affaires ! Le lundi soir, on se retrouve pour discuter et bricoler des vélos dans ce qu'on surnomme affectueusement "l'abri" C'était le studio de mon père, un sculpteur qui a réalisé des œuvres d'art démentes. En réalité, mes deux parents ont de fortes tendances artistiques : ma mère est une peintre reconnue. À mon avis, ça explique en partie pourquoi mon frère George et moi ne pouvons pas nous empêcher d'imaginer des vélos uniques en leur genre qu'on assemble à partir de cadres et de pièces dénichés dans l'abri.»

Ceux qui fréquentent le ministère viennent de tous les horizons – il y a des punks, Paul et Davey, qui vivent dans l'abri, un greffier, un ingénieur gazier, un électricien, un programmeur informatique, un géomètre, un designer et un professeur d'arts martiaux. C'est leur amour des deux-roues qui les a réunis et le lundi soir, ils bricolent des vélos ensemble, changent et adaptent des pièces, soudent de temps à autre des cadres pour donner naissance à leurs propres créations.

Un soir, le ministère a élaboré le projet fou de construire ce qu'on appelle aujourd'hui la « piste de la mort ». Vous pouvez l'appeler comme bon vous chante, ça ne changera rien au fait que cette piste ronde et inclinée de huit mètres de diamètre, n'est pas faite pour les mauviettes. « Tout nous dit que c'est dangereux – très dangereux –, mais c'est une de nos plus belles réalisations ! »

W.&E. Pollard.

TINKER NATION
TOOLS
SUB POP
BELL

Le royaume du sur mesure

« Après avoir passé des années devant un ordinateur, à me servir de la réalité virtuelle pour mes projets de construction, je me suis rendu compte que j'avais à nouveau besoin de construire avec mes mains, raconte l'architecte Joseph Nocella, propriétaire du magasin 718 Cyclery à Brooklyn. Vous ne venez pas chez nous pour choisir un vélo auquel vous devrez vous adapter. Nous discutons de vos besoins et de vos envies et on élabore ensemble un projet pour créer le vélo qui vous convient. » Cela implique de prendre tout un tas de mesures et de bien choisir chaque pièce avec le client. « Puis vient le moment de l'assemblage auquel le client est invité à participer pour qu'il sache monter et entretenir lui-même sa bécane. Vous ne venez pas simplement acheter un vélo chez nous… vous venez vivre une expérience. »

La vélothèque

« "Billets, s'il vous plaît !" Maggie, mon bus à impériale adoré, ne présente que des avantages : c'est une source d'inspiration et un lieu à usages multiples, qui me sert aussi bien à vendre ma collection de vêtements que mes vélos. Surtout, il est mobile. C'est un point de vente unique en son genre : aucun magasin ne peut rivaliser ! Nous laissons les choses suivre leur cours : en fonction des événements, ou quand on a envie de changer de décor, on plaque tout et on déménage en emportant tout notre fourbi », explique Karta. Originaire de Portland, dans l'Oregon, ce designer industriel propose des solutions astucieuses aux cyclistes urbains.

« Une bibliothèque, c'est un lieu où l'on élargit son horizon, on effectue des recherches, on apprend et on s'informe… pour prendre des décisions éclairées. La vélothèque imite cette philosophie. Contre une petite somme d'argent, on vous prête un vélo de notre gamme. Nous proposons sept styles de vélos : des vélos pliants, des minivélos, des vélos à pignon fixe, des vélos de femmes et d'hommes à rétropédalage, des vélos-cargo et des vélos électriques. Malheureusement, pour la plupart des gens, acheter un vélo se résume à se rendre dans le centre commercial du coin et à en choisir un au hasard. Faire le bon choix vous permettra de garder votre vélo plus longtemps et, surtout, de rouler confortablement.

Ma marque TWO n FRO propose une large gamme de vêtements modernes et ingénieux. Faire du vélo en ville n'est pas sans risques : aussi, pour aider les cyclistes à être visibles, mes créations sont souvent réfléchissantes. Je passe plusieurs mois par an à Shenzhen, en Chine : j'y ai créé mon propre atelier, tout y est fait à la main, de façon durable, à partir de matériaux recyclés comme du Kevlar, de la toile de voile, de la toile de parachute et du bambou.

« Quant à mon propre vélo… eh bien, j'ai fait beaucoup d'expériences ! Je parcours les rues de Londres avec un pignon fixe, qui a un cadre en bambou et une flexibilité unique. »

THIS ONE RUNS
ON FAT
AND SAVES YOU
MONEY

TheBicycleLibrary.com
£1

BICYCLE LIBRARY
ARTCRANK

Le Chopperdome

Le Chopperdome, c'est la Mecque des Amstellodamois en quête d'un chopper ou d'un vélo fait sur mesure. Les « choppers rétro », avec leur fourche très allongée, leur guidon très haut et leur siège incliné, inspirés des motos chopper en vogue depuis le film *Easy Rider*, sont très populaires à Amsterdam. Comme la ville est plate, leur poids imposant y est moins handicapant et les adeptes de ces vélos peuvent atteindre des vitesses de pointe.

WARME BAKKER
YILDIZ

Sargent & Co

« J'ai trouvé ce vélo de course Hobbs de 1951 dans le jardin d'un ami, au milieu des broussailles, raconte Bob. Après négociation, je l'ai échangé contre une roue équipée d'un moyeu à trois vitesses. Je l'ai soigneusement démonté, avec la ferme intention de le restaurer. La vie a suivi son cours, je me suis laissé distraire. Le vélo, toujours démonté, est resté dans l'abri de jardin de mes parents. Quelques années plus tard, ma mère m'a demandé de venir le récupérer car l'abri de jardin s'était écroulé. Le temps que je rentre exhumer ma bécane de sa tombe de bois, ma mère avait jeté une bonne partie des pièces – même si elle l'a toujours nié, et le nie toujours aujourd'hui ! Depuis ce jour, mon cadre me suit partout où je vais, comme un toutou. Ça fait trente ans que ça dure. Je n'ai jamais pu me résoudre à m'en séparer, même s'il n'a jamais été en état de rouler ! À chaque fois que je déménage, il se retrouve dans mes affaires, direction mon nouveau chez moi.

Un jour, un ami m'a introduit dans le milieu du vélo vintage. Avec son aide, j'ai remis le vélo en état. À l'époque, j'étais photographe. Après avoir passé trois années dans une chambre

noire, je sentais qu'il était temps de changer de voie. L'intérêt que je portais au vélo vintage et au cyclisme grandissait de jour en jour et j'ai eu l'idée de créer un espace commercial où je pourrais vivre, entouré de ma collection de vélos, et faire ce que j'aime au quotidien : vendre et réparer des vélos. C'est resté un rêve, jusqu'à ce que toute une série d'événements – dont une expulsion – mette par hasard la machine en route. Ainsi est né Sargent & Co.

Rob est désormais célèbre pour son exceptionnelle collection de vélos de course vintage, assemblés à partir de cadres en acier signés des meilleurs fabricants qui existent, tous ornés de détails d'époque.

« Pour moi, tout le caractère du vélo s'exprime à travers les cadres faits à la main. Ce sont de véritables œuvres d'art, aux finitions subtiles, que la plupart des gens ne remarquent même pas. De l'inclinaison de la fourche avant au design des manchons, tout est propre au style et au savoir-faire de son fabricant.

Mon cadre Hobbs a rejoint ma collection de vélos "pas à vendre", qui pendent au plafond de mon magasin, comme une version en acier des jardins suspendus de Babylone. »

Les vélos de Benjamin

«Je dirige une petite affaire appelée "Les vélos de Benjamin", spécialisée dans la fabrication à la main et sur mesure de cadres de vélo en acier, à New York. Je puise mon inspiration dans les musées et les galeries d'art moderne pour le design de mes créations, confie Ben Peck. Mes cadres sont gravés, il n'y en a pas deux pareils. À chaque fois que je construis un vélo, j'essaie de repousser les limites du design, en créant un objet beau et novateur.

Je suis tombé dans le cyclisme quand j'étais tout petit, et ça ne m'a jamais quitté. Je prends toujours autant de plaisir à faire du vélo que lorsque j'avais cinq ans, mais j'aimerais pouvoir encore me balader en sous-vêtements, avec mes bottes de cow-boy et ma cape de Superman. Malheureusement, je me ferais arrêter à coup sûr... même à Brooklyn!

Je n'ai jamais envisagé le vélo comme une façon de vivre. Je ne fais pas du vélo pour rester en forme, même si ça doit aider. Je ne fais pas du vélo pour gagner des trophées, même si je comprends ceux qui le font. Je ne fais pas du vélo pour préserver l'environnement, même si c'est génial que j'y contribue. Je ne fais pas du vélo parce que je hais les voitures – j'adorerais avoir un cabriolet Lincoln Continental de 1966! Si je fais du vélo, c'est parce que cela me permet de ralentir et de voir le monde avec les yeux d'un enfant.»

Le baroudeur

« J'aime l'art, les vélos, les tatouages, la culture sous toutes ses formes. Si je traîne avec des hippies, je mets de la musique punk rock mais, si je suis avec des punks, je mets de la musique hippie ! Je suis un homme de contradictions. J'ai grandi dans l'Iowa et je rêvais du mode de vie californien », raconte Daniel Koenig, un artisan qui customise des vélos vintage.

En 1983, Daniel a déménagé en Californie. Un an plus tard, il est rentré chez lui tout imprégné encore de ce style de vie décontracté. Après avoir poursuivi ses études, il est retourné en Californie où il est devenu coursier. Puis il s'est installé sur l'île de Maui avec rien de plus qu'un sac à dos, un skate et un vélo – avant de retourner à San Francisco, et de finalement partir à Barcelone et à Amsterdam. Après cette vie de nomade, il a fini par poser ses valises à San Francisco où il a commencé à travailler pour le légendaire tatoueur Ed Hardy. Au cours de ces années mémorables, les vélos ont toujours occupé une place importante dans sa vie.

« En 1997, le corps recouvert de tatouages, je suis retourné en Iowa où j'ai dirigé mon propre studio de tatouages. Mais avec le succès viennent les excès ! Malgré tout, après

quelques années agitées et avec de l'aide, j'ai réussi à remonter la pente. En 2005, la vie est même devenue extraordinaire : je suis devenu le père d'un petit garçon, Isaac, le beau-père d'une petite fille, Helen, et le mari de mon âme sœur, Amy. Avec un passé aussi riche et des souvenirs si extraordinaires, je cherchais un nouveau mode d'expression. »

L'enthousiasme de Daniel pour les vélos vintage a grandi et il a fini par leur consacrer plus de temps. Pour formaliser les choses, il a créé « Les vélos d'Ichi ». « Mon fonds de commerce, ce sont les vélos que je crée dans le style des Hot Rod, ces voitures anciennes customisées. Je recycle des vélos et leur donne une nouvelle vie !

Je me demande parfois comment les gens peuvent se séparer aussi facilement de l'objet qui a fait leur joie et leur fierté. Ils s'en débarrassent, tout simplement, et tirent un trait dessus. De nombreux critères doivent être réunis pour qu'un vélo soit en état de rouler, mais il y a toujours un moment dans le processus de création où le vélo semble me dire que j'ai fini et qu'il est absolument parfait. »

Daniel n'a pas de « préférence » en matière de vélos : s'il voit qu'une bicyclette a du potentiel, qu'elle soit classique ou rétro, il fera son possible pour lui rendre une nouvelle jeunesse. Parfois aidé par son fils, Daniel redonne vie à des objets et crée des vélos qui sont comme des pages blanches prêtes à accueillir de nouveaux souvenirs.

Star Bikes Café

Avec toute une variété de bicyclettes traditionnelles de style hollandais disponible à la location, Star Bikes est un café qui permet de faire découvrir l'exceptionnelle culture du vélo d'Amsterdam à ses visiteurs.

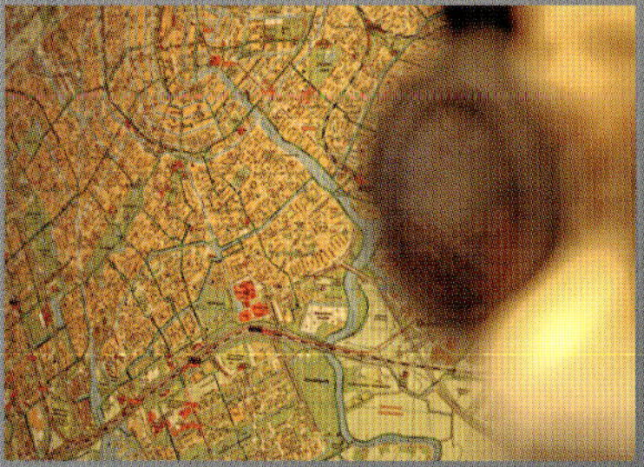

L'assemblée des Guv'nors

L'assemblée des Guv'nors est un collectif d'amoureux du Guv'nor, un vélo rétro de la marque Pashley. Ces *aficionados* organisent des balades à vélo toute l'année, avec un arrêt ou deux au pub en chemin, et ne portent certainement pas de lycra, mais plutôt du tweed. Leur devise ? « Garder l'allure… avec allure ! »

Le Guv'nor est une version modernisée d'un vélo classique des années 1930, avec un cadre solide seulement disponible en noir, des poignées en cuir faites à la main et une selle Brooks. Les heureux propriétaires de ces vélos uniques aiment les customiser avec divers accessoires.

The Windsor Castle
Food Menu

L'électron libre

« C'est vrai que je marche plus ou moins sur les pas des frères Wright, les célèbres aviateurs, qui avaient eux aussi un magasin de réparation pour les bicyclettes », explique Willem, le propriétaire de Kwikfiets, un magasin de vélos situé à Amsterdam. Willem nourrit lui aussi le rêve de voler. Dans le sous-sol de son magasin, à l'abri des regards indiscrets, il développe un concept en secret.

« Kwikfiets n'est pas un magasin de vélos comme les autres. Nous ne sommes pas là pour pourvoir aux besoins des touristes, ni faire de la location de vélos : il y a tout un tas de magasins qui font ça. Nous sommes plutôt un lieu de rassemblement pour les fanatiques du vélo. Un lieu un peu déjanté où tout le monde peut exprimer librement sa créativité et ses opinions.

Le vélo préféré de Willem est un Mohawk vintage – fabriqué par la Royal Dutch Gazelle, la plus importante manufacture de vélos aux Pays-Bas, connue pour ses cadres au design inhabituel – auquel il a ajouté un guidon de course et quelques accessoires.

« Je n'ai pas vraiment de règles : se conformer, c'est se limiter, et ça ne correspond pas à ma philosophie de vie – vous devez nous prendre, mon magasin et moi, comme nous sommes. Faire du vélo dans les rues d'Amsterdam sur mon Mohawk de 1935, c'est une véritable philosophie. »

BIG ZAPPER

GOOD GOP
NAUGHTY GOP
TANDEMCONCERT
KWIK FIETS
BEWILDERING
BICYCLE JOURNEY
VRIJDAG
14 OKTOBER
VANAF
21:00
KWIK FIETS
festival

Burning Man

Le festival de Burning Man se déroule tous les ans dans le désert de Black Rock, dans le Nevada. Cette grande rencontre artistique et expérimentale dure une semaine et rassemble en moyenne plus de 48 000 participants. Dans cette grande communauté éphémère, le vélo est indispensable pour se déplacer, mais c'est également un moyen d'expression artistique radical qui donne naissance à des innovations excentriques comme le « vélo-poisson » ou le « vélo lance-roquettes ».

Portrait de l’artiste à vélo

« Je fais le portrait de cyclistes à Paris, afin de saisir leur style et leur histoire personnelle. Pas de maquillage, ni de stylisme : les gens viennent au studio comme ils sont habillés au quotidien », raconte Jérémy Beaulieu, surnommé « the bikerist ».

« C’est quand je fais du vélo que la plupart de mes idées germent dans mon esprit », confie Etaïnn Zwer (sur la photo), une rédactrice freelance installée à Paris qui se décrit comme une « attrapeuse de mots » et qui a posé pour Jérémy. « Pour moi, tout est question de proportions, de rythme et de style dans le vélo… un peu comme l’écriture. » Elle a déniché son vélo, équipé d’un guidon Cinelli et de roues Mavic, dans une brocante. Elle est tombée amoureuse de sa couleur et l’a surnommé Leroy, d’après un personnage burlesque qu’elle a interprété.

En selle Marcel

Bruno Urvoy est le propriétaire de la boutique «En selle Marcel», à Paris. On y trouve une gamme de vélos allant des Bianchi aux Brompton, des modèles vintage comme des vélos sur mesure, ainsi que toute une collection d'accessoires. En selle Marcel ne peut que séduire les cyclistes éclairés de la capitale.

Le «café-vélo»

Lock 7 est le premier «café-vélo» à avoir ouvert à Londres. Dans ce lieu atypique, les amateurs de vélos se retrouvent pour manger un morceau, boire un coup et se détendre... mais aussi pour faire réviser leur bécane. Lock 7 vend également des vélos rétro, de tous les styles. Ses fondateurs, Kathryn Burgess et Lee King, travaillaient tous les deux comme experts médico-légaux avant d'ouvrir le café, leur souhait: «libérer le vélo de son jargon et des poseurs».

Le cimetière des vélos

Le propriétaire de ce magasin de vélos, Peter Horstmann, a évité l'approche publicitaire traditionnelle en accrochant à la façade de son magasin plusieurs épaves de vélos. À chaque fois qu'une bicyclette arrive en fin de vie, il l'ajoute à sa collection qui en compte désormais plus d'une centaine.

Les canaux à vélo

Bruges est une ville où la bicyclette fait totalement partie du décor. Elle est plus considérée comme un moyen de transport que comme une manière d'affirmer son style. Après avoir fait carrière dans la bijouterie, Christian Campers s'est mis en tête de changer les choses en concrétisant son rêve et en fondant Exceller Bikes, une boutique spécialisée dans les vélos et les accessoires originaux.

Relever le défi

Les courageux figurant dans ces pages ont relevé de formidables défis. « Pourquoi ? » leur ai-je souvent demandé après avoir tenté de les imiter. « Parce que c'est possible » est la réponse que j'ai le plus fréquemment obtenue.

L'ampleur des défis que les cyclistes présentés dans ce chapitre ont su relever est difficile à appréhender. Vous rencontrerez un médaillé olympique qui, à une époque où les avancées technologiques et commerciales n'existaient pas, s'est démené pour réussir, avec la seule arme à sa disposition... une détermination à toute épreuve. Je vous présenterai un aventurier des temps modernes qui s'est attaqué au tour du monde à vélo et a battu tous les records ; un cycliste spécialiste des longues distances qui a accompli un nouvel exploit sur un grand-bi, suscitant l'étonnement de tous ceux qu'il a croisés lors de son périple autour du monde ; et une course en Toscane qui nous ramène à l'époque chérie du cyclisme.

Dans ce chapitre, vous irez à la rencontre d'individus qui, chacun à leur façon, ont repoussé les limites du cyclisme tel qu'on le connaît. Ceux d'entre nous qui n'ont pas les mêmes aspirations peuvent s'installer confortablement dans un fauteuil et se contenter de les admirer de loin. Mais on peut toujours rêver. Peut-être qu'un jour, nous nous lancerons nous aussi dans une telle aventure... et nous aurons alors la chance de dire : « C'est possible ! »

Le tour du monde à vélo

« Trois compteurs, un GPS, plusieurs carnets de route, des photos : j'ai tout fait pour m'assurer d'avoir les preuves irréfutables de mon itinéraire et des distances parcourues afin de satisfaire les juges du Livre Guinness des records », explique Mark Beaumont qui, le 5 août 2007, s'est lancé dans une aventure épique, repoussant les limites de l'esprit, du corps et du vélo. Son épopée : l'un des plus grands records d'endurance au monde, le tour du monde à vélo. Son but : faire 80 jours de moins que le détenteur du record, qui l'avait réalisé en 276 jours.

« À 12 ans, avec l'aide de ma famille, j'ai traversé l'Écosse d'est en ouest à vélo. À 15, j'ai traversé la Grande-Bretagne en solo, de la pointe nord à la pointe sud. Puis je suis allé à l'université, tout en continuant à parcourir de longues distances, mais l'envie d'effectuer un long voyage autour du monde me démangeait de plus en plus... La seule manière de faire passer cette envie, c'était de relever le défi ! »

Faire le tour du monde à vélo est déjà un véritable exploit en soi. Le faire en un temps record, sans avoir le luxe de pouvoir s'arrêter quelques jours pour récupérer, c'est un véritable tour de force. Pour la plupart des gens, ce challenge colossal serait resté une idée en l'air mais, pour Mark, c'était la réalisation d'un rêve vieux de trois ans.

La qualité du vélo est de première importance, mais l'entretien du corps est crucial – pour fournir de l'énergie, il faut en consommer. Une équipe de scientifiques spécialistes du sport de l'université de Glasgow a calculé que, pour que Mark maintienne un rythme de 160 kilomètres par jour, il lui faudrait consommer 6 000 calories par jour. Le vélo choisi était signé Koga-Miyata, avec un moyeu à vitesses intégrées Rohloff résistant à la poussière : un vélo fait sur mesure, léger et suffisamment confortable pour l'emmener au bout du monde.

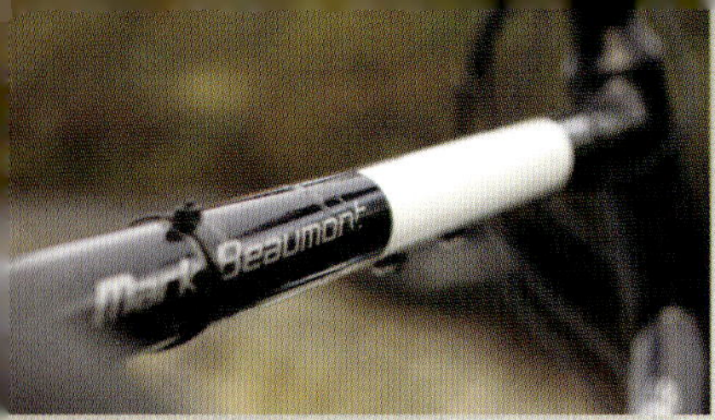

Répartis dans cinq sacoches, 25 kilos d'équipements lui ont été nécessaires, dont du matériel de camping, des outils et des appareils photo. Une fois les préparatifs terminés, il est parti de Paris, plus déterminé que jamais.

«Après de longs mois de préparation, vous ne pensez plus qu'à partir! Mais au bout d'une quinzaine de kilomètres à peine, tous ces mois d'entraînement, l'émotion et le manque de sommeil m'ont rattrapé: mes yeux et mon corps ont commencé à me lâcher. Mon remède: un expresso bien serré dans un café au bord de la route.»

Première étape de Paris à Istanbul. 3500 kilomètres en 22 jours. «Au départ, ma première préoccupation c'était tenir. Trois crevaisons et deux rayons cassés en neuf jours! J'ai commencé à me dire que c'était le vélo qui ne survivrait pas!» Deuxième étape: 8 800 kilomètres soigneusement planifiés à travers la Turquie, l'Iran, le Pakistan et l'Inde. «La partie la plus difficile et la plus dangereuse. J'étais sous escorte policière dans certaines zones à risques. J'ai passé des nuits en cellule pour ma propre sécurité. Les panneaux de signalisation – qui n'étaient pas en anglais, ni même en alphabet latin – ont fait prendre une tout autre dimension aux cartes. Troisième étape: Thaïlande, Malaisie et Singapour. «Je devais impérativement faire 160 kilomètres par jour, autrement j'aurais eu des jours, voire des semaines, de retard.» Quatrième étape: Australie, de Fremantle à Brisbane. «Des routes droites à l'infini et les mauvais vents de face.» Cinquième étape:

Nouvelle-Zélande, de Dunedin à Auckland. « 22 500 kilomètres parcourus jusqu'ici. » Sixième étape de San Francisco à la Floride. « Au départ, je pensais que ce serait la partie facile, mais la densité de la circulation a instauré une nouvelle dynamique. En Louisiane, une voiture m'a fait voltiger par-dessus le capot. Le vélo a survécu, mais ça m'a secoué. Pour couronner le tout, j'ai pris un hôtel dans la mauvaise partie de la ville, ce qui m'a valu de me faire agresser et menacer – après plus de 25 000 kilomètres parcourus, c'était le dernier endroit au monde où je pensais que cela arriverait. » Septième étape : Lisbonne – Paris. « L'Amérique derrière moi, je me suis concentré sur la ligne d'arrivée : ça m'a boosté – suffisamment pour le sprint final de Lisbonne à Paris. »

Lorsque Mark a franchi la ligne d'arrivée sous l'Arc de triomphe, il a compris l'immensité de son exploit. Il venait de réaliser son rêve. Et quelle écrasante victoire ! Il a battu le précédent record de 82 jours, ayant passé 1 500 heures en selle et pédalé 29 446 kilomètres en 194 jours et 17 heures !

« J'ai été le fier détenteur du record pendant deux ans et demi. J'ai eu de la chance, des tentatives ultérieures de record n'ont pas été validées à cause d'un nombre insuffisant de kilomètres ou d'un itinéraire non corroboré. Vous comprenez pourquoi j'avais pris autant de précautions avant le départ pour prouver ma bonne foi ! » Comme le dit Mark : « Le rêve est difficile à atteindre… mais il donne tout son sens à la vie. »

coq sport
BROOKS
THE GUARDIANS

Le polo-vélo

Le tournoi de Londres est désormais une rencontre incontournable du calendrier du polo-vélo et accueille plus de 80 équipes venues d'une quinzaine de pays différents. Des équipes d'hommes, de femmes, et des équipes mixtes prennent part à la compétition. Tous les vélos sont acceptés tant qu'ils sont équipés d'au moins un système de freinage (les vélos à pignon fixe avec cale-pieds sont acceptés). Ils ne doivent en outre ne comporter ni bout pointu ni aucune modification visant à bloquer la balle.

Le champion olympique

« Je suis né en 1920, à Bridgeport, aux États-Unis, de parents anglais. Nous avons été heureux jusqu'à ce que la dépression de 1929 nous force à rentrer en Angleterre. Mon père, un passionné de sports, me poussait – concrétisant ses rêves à travers moi. », se remémore Tommy Godwin, double médaillé de bronze de cyclisme sur piste aux jeux Olympiques de 1948.

« À 14 ans, j'ai quitté l'école et je suis devenu garçon de courses pour un épicier. Je faisais environ 25 kilomètres par jour à vélo, chargé comme une mule. Ça m'a permis de rester en forme. L'intérêt que je portais au cyclisme n'a cessé de grandir – surtout au moment des jeux Olympiques de 1936. Une compétition sportive entre épiciers rivaux vit mon premier triomphe cycliste. Comme je n'avais pas de vélo à moi, j'en ai emprunté un. N'ayant pas l'habitude du pignon fixe, je suis passé par-dessus le guidon. Pas encore remis de mes blessures, j'ai réussi à prendre part à la compétition et j'ai fini troisième. J'ai gagné un chronomètre que mon père a utilisé par la suite pour enregistrer mes temps. Mes horaires chez l'épicier limitaient mon temps d'entraînement, j'ai donc commencé à travailler dans une usine qui organisait elle aussi une compétition. J'ai perdu, en partie à cause d'un vélo inadapté. Malgré tout, mon père a vu que j'avais du potentiel. Il m'a dit : "Fais ce que je te dis et je t'achèterai un vélo de course." Et il a tenu promesse : ce qui n'était pas rien, car le vélo coûtait l'équivalent de deux semaines de salaire. S'en est suivi un entraînement intensif pour me préparer à la course l'année suivante. Mon père voulait que je remporte tous les trophées, et c'est ce que j'ai fait. »

Tommy a été invité à l'épreuve de sélection des jeux Olympiques de 1940 et a remporté l'épreuve du kilomètre chronométré en 1939. Malheureusement, le début de la Seconde Guerre mondiale a mis fin à ses espoirs, les Jeux étant annulés.

« L'usine participait à l'effort de guerre, aussi n'ai-je jamais été mobilisé. Elle fabriquait des armes et avait diversifié ses activités vers la fin du XIXe siècle pour produire des bicyclettes. J'ai continué à m'entraîner pendant la guerre et c'est aussi à cette époque que j'ai rencontré ma femme.

Les jeux Olympiques de Londres de 1948, les "Jeux de l'austérité", furent annoncés en 1946. J'ai participé aux épreuves de sélection et j'ai été choisi quelques semaines seulement avant le début de la compétition. Ravitaillé par les beignets à la viande de ma mère, j'ai été double médaillé de bronze sur piste, au kilomètre en individuel et en poursuite par équipe, au vélodrome de Herne Hill. Lorsque j'ai remporté le bronze dans l'épreuve individuelle, mon père est tombé à genoux et en a pleuré de joie. Il était si fier que aujourd'hui encore, lorsque je repense à sa réaction, j'en ai les larmes aux yeux.

Le lundi matin, c'était retour au boulot. Je n'ai pas été accueilli en héros, juste : "Bien joué, tu as remporté une médaille. Maintenant remets-toi au boulot !" J'ai 91 ans aujourd'hui et, quand je repense à ma vie, je suis fier de ce que j'ai accompli. On m'a fait l'honneur de me choisir en qualité d'ambassadeur olympique pour les Jeux de Londres 2012 et j'ai pris part au relais de la flamme olympique. Aujourd'hui, à chaque fois que je n'ai pas le moral, je regarde mes médailles, je repense au passé et à tous ces merveilleux souvenirs. J'ai eu une vie incroyable. »

Au moment d'achever ce livre, j'ai appris avec une grande tristesse la disparition de Tommy Godwin. Ce fut un privilège de rencontrer ce grand monsieur. Nous avons passé des moments extraordinaires à discuter ensemble.

BRIXTON
CYCLES

Le montagnard

« On me reconnaît souvent dans les rues de Londres », déclare Jim Sullivan, qu'on surnomme affectueusement « le montagnard » depuis qu'une épreuve de montagne a mal tourné et qu'il a perdu deux de ses incisives lors d'une chute en descente. « J'ai eu le privilège de remporter une épreuve lors du Nocturne de Londres. J'ai gagné le concours de dérapage en pignon fixe (dit les "skills") : j'ai parcouru 107 mètres... Impressionnant, si je puis me permettre ! »

Le Nocturne est un événement qui se déroule tous les ans, et comporte plusieurs épreuves, dont une course de grand-bi, une course de vélos pliants ou encore une course Élites. Jim a customisé le pédalier, les roues et le guidon (il a opté pour un guidon de VTT plus court) de son Fuji Track Pro de 2008 pour le rendre plus léger et maniable et lui permettre d'exécuter les fameux « skills » dont il a le secret.

Aujourd'hui, sa passion de jeunesse a pris une tout autre dimension. Jim s'est assagi et s'investit de plus en plus dans les courses sur piste au vélodrome de Herne Hill. Selon ses propres mots, son impressionnante collection de bicyclettes est le résultat d'années passées à travailler chez des vendeurs de vélos.

L'Eroica

Chaque année depuis 1997, des milliers de cyclistes du monde entier envahissent la Toscane pour participer à une course au doux parfum vintage. Une course qui nous rappelle une époque où les vélos en fibre de carbone étaient pure science-fiction. L'Eroica est connue comme l'une des plus grandes manifestations cyclistes pour amateurs au monde. Sur cette course d'une journée règne une ambiance atypique. Une seule condition pour participer : tous les cyclistes doivent courir sur une bicyclette antérieure à 1978.

La course démarre à 5 heures du matin. Quatre formules sont proposées, de longueurs variables : la plus longue fait 205 kilomètres et la plus courte, a priori plus

tranquille, 38 kilomètres. Mais c'est sans compter sur les routes cahoteuses, ces chemins de terre sur lesquels écrous et boulons se desserrent, demandant des nerfs d'acier dans les descentes abruptes. L'Eroica a même parfois raison des cyclistes les plus expérimentés.

Cela participe malgré tout au charme de l'événement. On comprend facilement pourquoi les participants viennent en nombre, vêtus de jerseys colorés. Les coureurs s'élancent sur les « routes blanches » bordées d'oliviers qui serpentent à travers les vignobles vallonnés de Toscane, et ça vaut le coup d'œil. Sur ces chemins écartés, poussiéreux, écrasés de chaleur, pas de goudron, de zones d'accès réglementé ni de lignes blanches. Et si cela ne suffit pas à vous séduire, les points de ravitaillement offrent la chance de déguster les mets et les vins italiens – alors, vous n'avez toujours pas envie de courir au magasin de vélos vintage le plus proche de chez vous ?

Brixton Billy

«On se fait tout un tas d'idées sur les riders… la plupart sont fausses. Dans l'ensemble, nous sommes de bons gars. Si bien qu'il existe un code de conduite tacite entre nous. On se serre les coudes, on s'entraide, on s'héberge au besoin. On forme une communauté très unie, fondée sur la confiance mutuelle entre riders, explique Brixton Billy. Le BMX m'a permis de beaucoup voyager : je suis toujours à la recherche de nouveaux lieux où rider – que ce soit un terrain de jeu urbain ou un skatepark. J'ai atterri dans la plupart des pays d'Europe avec rien de plus que mon passeport, mon vélo et quelques vêtements de rechange… et j'ai toujours trouvé un endroit où dormir.»

Aujourd'hui, Billy ride sur un vélo personnalisé, à des années-lumière de ses premières bécanes – il est «plus léger et plus stable» : le cadre, la fourche et le guidon proviennent des États-Unis.

«J'ai commencé à travailler chez Brixton Cycles à l'âge de 17 ans. C'est le boulot idéal pour moi : le skatepark est juste à côté. C'est le lieu incontournable à Londres pour tous les riders qui se respectent. Faire du BMX implique de repousser ses limites. C'est ça qui m'éclate – prendre un risque et espérer que ça paie. Ce n'est pas toujours le cas, mais c'est avec l'expérience qu'on apprend et il faut se remettre en selle dès que le corps le permet.»

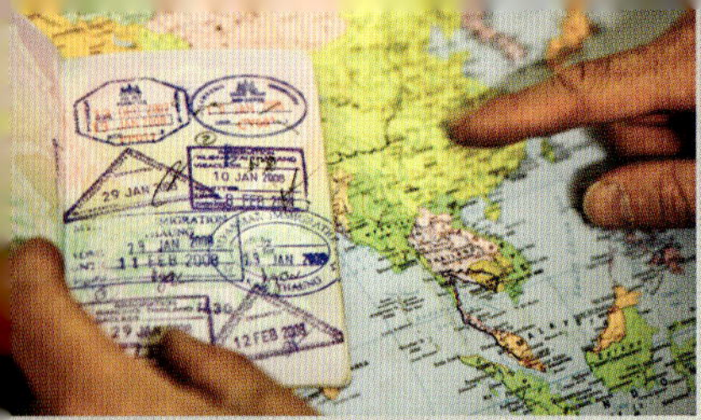

Le tour du monde en grand-bi

« Quand j'ai dit : "Je pars faire le tour du monde", je n'essayais pas de me faire payer une tournée d'adieu ! C'était une aventure bien pensée, planifiée. En 1998, je suis allé jusqu'à Amsterdam sur mon fidèle BSA d'avant guerre. J'ai compris très tôt que la bicyclette était le meilleur moyen de découvrir un pays. C'est pourquoi j'ai décidé de faire le tour du monde en grand-bi...

J'ai construit mon premier grand-bi, le prototype n°1, en 1999 mais un choc contre une voiture a voilé la roue avant peu après. Muni d'une nouvelle roue, pour célébrer le passage à l'an 2000, je me suis rendu à Paris. J'en ai tiré une leçon très utile : mon prototype était trop lourd. En 2000, j'ai fini le prototype n°2 que j'ai testé en traversant la Grande-Bretagne du nord au sud. En 2001, j'ai frôlé la perfection avec le prototype n° 3. J'étais prêt pour le voyage de ma vie. Je me suis donc mis en route, après avoir dit au revoir à ma famille et à mes amis. Ils ne s'attendaient pas à ce que je sois de retour pour boire le thé, mais c'est pourtant ce qui s'est passé ! Au bout d'une quarantaine de kilomètres, mon genou a lâché. Je n'ai pu repartir qu'en 2003, le temps de mettre au

point le prototype n°4. Cette fois, je suis allé plus loin : Budapest, où mon genou m'a à nouveau fait défaut.

Mes amis et ma famille se sont habitués aux adieux. Du coup, quand je suis parti en mai 2006, j'ai eu droit à des commentaires du style : "Ouais, à bientôt, hein ?" Trente mois plus tard, après avoir visité 24 pays et parcouru plus de 36 200 kilomètres, je suis revenu triomphant à la maison, en novembre 2008.

La Grande Muraille de Chine, les contreforts de l'Everest, la vallée de la Mort et d'innombrables passages de frontières : je me suis éclaté tout du long. Un jour, en voyant au loin le reflet des jumelles d'un garde-frontière, je me suis demandé ce qu'il pouvait bien penser en me voyant arriver, affublé d'un casque colonial et perché sur une grande roue...

Mon amour pour mon vélo a grandi et j'ai commencé à le surnommer "ma p'tite femme". La nuit, hors de question de le laisser dehors, hors de ma vue, même si pour cela, je devais traîner ma lourde femme dans les étages des hôtels.

Un voyage comme celui-ci, change à jamais votre façon de voir les choses. Une fois le challenge terminé, on se sent un peu perdu... Ceci étant dit, je compte bien le refaire. Il me reste beaucoup de choses à voir et on a toujours de nouveaux lieux à découvrir. »

Le vélodrome de Herne Hill

Construit en 1891, le vélodrome de Herne Hill a accueilli les jeux Olympiques de Londres en 1948. Au fil du temps, il a subi de nombreux changements : sa piste en bois d'origine a d'abord été remplacée par du béton puis, plus récemment, par une surface dernier cri praticable par tous les temps. Fonctionnant sur la base du volontariat, il accueille plus de courses ouvertes à tous que n'importe quel autre vélodrome du pays et est l'un des lieux favoris de sir Bradley Wiggins, le champion olympique et vainqueur du Tour de France 2012.

Des sessions pour débutants y sont organisées, où tout un chacun peut louer un vélo et faire un tour sur la célèbre piste.

Le Rollapaluza

Le Rollapaluza. Ingrédients : deux participants et deux vélos fixés sur un home-trainer, faits sur mesure et reliés à un compteur. Le concept : les cyclistes s'affrontent deux par deux. La compétition se déroule sur 500 mètres départ arrêté, avec chronométrage numérique. Et les vitesses peuvent atteindre les 80 km/h ! Le but : être le plus rapide. Le tout sur fond de musique pour encourager les coureurs et une foule pour les acclamer.

Le Rollapaluza a vu le jour en l'an 2000, après qu'un coursier a assisté à une compétition de vélo sur home-trainer au championnat du monde de coursiers à vélo, organisé à Zurich en 1999. C'est comme ça qu'il a eu l'idée d'organiser ce genre d'événement. Depuis, la compétition a lieu tous les ans et sa réputation ne cesse de grandir dans le milieu underground et florissant des amateurs de vélos fixes. En 2007, Caspar Hughes (un collègue du coursier qui a le premier ramené ce concept d'Allemagne) et Paul Churchill ont fait du Rollapaluza une entreprise commerciale : ils ont désormais des franchises dans trois pays et, en 2012, ont totalisé 20 000 participants rien qu'au Royaume-Uni.

Bruges

Paris

HAYRIDE

Les non-conformistes

Depuis sa création, la bicyclette a évolué à son propre rythme, sans se presser. Dans ce chapitre, vous ferez la connaissance de cyclistes qui n'ont aucun problème à faire cavalier seul. Pour eux, pas question d'être conformistes ! Le vélo devient alors le prolongement de l'amour qu'ils portent à la mode vintage, au design, ou à l'art en général, et il se révèle un moyen d'exprimer leur inventivité.

Il y a les précurseurs comme Tom Karen, l'éminent designer industriel qui a dessiné un vélo resté gravé dans la mémoire de beaucoup d'enfants. Le DJ Norman Jay a, lui, attendu plusieurs années avant de concrétiser un rêve de jeunesse. Plus loin, à Brooklyn, on trouve un collectionneur prêt à tout pour avoir la bicyclette de ses rêves et, en Hollande, Toon impressionne par ses créations qui dépassent l'imagination. Enfin, nous verrons que la passion sans limites que cette figure emblématique de la mode qu'est Paul Smith, porte au cyclisme est comparable à celle qu'il voue au stylisme.

Les générations futures continueront à explorer la culture du vélo sous toutes ses formes. Ces pionniers non-conformistes, et leur passion contagieuse pour le cyclisme, en inspireront peut-être d'autres. Leur inventivité débordante prouve qu'être différent, c'est bien... très bien.

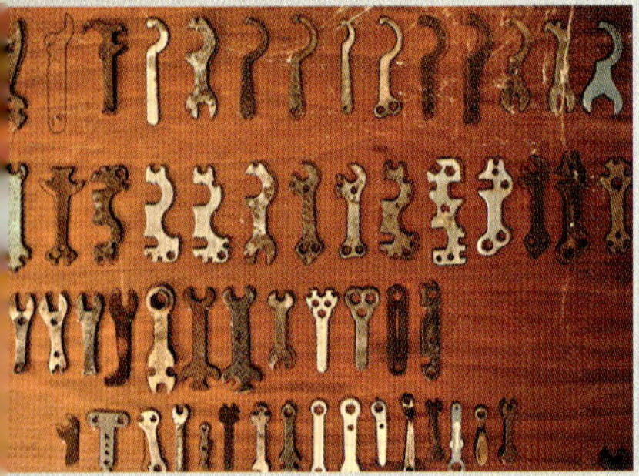

Le collectionneur

« Je n'ai pas voulu exposer ma collection de bicyclettes comme dans un musée. On ne peut pas toucher les objets dans les musées, encore moins les utiliser, les essayer. Je me sers de tous mes vélos, sinon à quoi bon les posséder ? Je ne m'en sers peut-être pas autant que je le souhaiterais, mais, au moins une fois par an, tous mes vélos ont droit a une sortie. Même ma version modernisée de la célèbre "bicyclette" de H. J. Lawson de 1879 (sur la photo de droite) que j'ai construite avec un ami », raconte Cally Callomon, un *aficionado* du vélo. Cally a fait carrière dans l'industrie de la musique : il a longtemps managé de grands artistes et travaillé en qualité de directeur artistique. Après ces années stressantes, il a décidé de revoir ses priorités et de ralentir la cadence, d'autant que sa brillante carrière lui a donné les moyens de se consacrer au vélo.

MODEL
272

IRISH
SEA

« Tous les vélos que je possède ont trouvé leur place dans ma collection pour une raison bien précise. Avant de partir en balade, je fais mon choix en fonction de mon humeur. Ça se passe toujours ainsi : un lien se tisse entre mon vélo et moi et je sais d'expérience comment je vais me sentir une fois sur la route.

J'ai la chance de vivre dans la magnifique région du Suffolk, au beau milieu de la "carte n°155" dressée par le service cartographique de l'État. Mon but, avant de quitter ce monde, c'est d'avoir parcouru toutes les routes sur cette carte dans un rayon de 18 kilomètres autour de mon village… on peut dire que je collectionne les routes, si vous voulez ! Je ne planifie pas précisément mon itinéraire quand je pars à la conquête des derniers kilomètres qui me restent à parcourir – loin de là ! Parfois, je me retrouve même à faire près de 50 kilomètres sur des routes déjà empruntées dans le seul but de faire 800 mètres sur une route inconnue ! »

Tom Karen a beau être un designer industriel très en vue dans son milieu professionnel, son nom n'est pas forcément familier du grand public. Pourtant, il est fort probable que vous connaissiez ces inventions prodigieuses – que ce soit des machines à laver, des jeux pour enfants, des radios ou des voitures. Mais l'invention dont il est le plus fier, c'est le chopper Raleigh. Ceux d'entre nous qui ont grandi dans les années 1970 se seraient damnés pour se procurer cet engin, devenu depuis une véritable icône.

« Au début des années 1960, j'étais directeur général et designer en chef dans une agence de design. En quête d'idées nouvelles et originales, l'enseigne Raleigh nous a commissionnés pour lui soumettre divers concepts. »

Avant que les choppers n'envahissent les rues, les vélos pour enfants n'étaient que des versions à échelle réduite de ceux de leur père. Certainement pas le premier choix de tout enfant qui se respecte pour se balader dans la rue. Le chopper était la quintessence du cool, avec son cadre en forme de coin, son long siège banane

Le designer

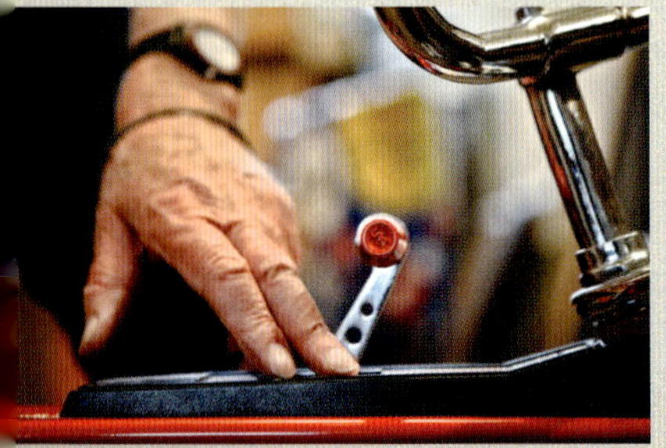

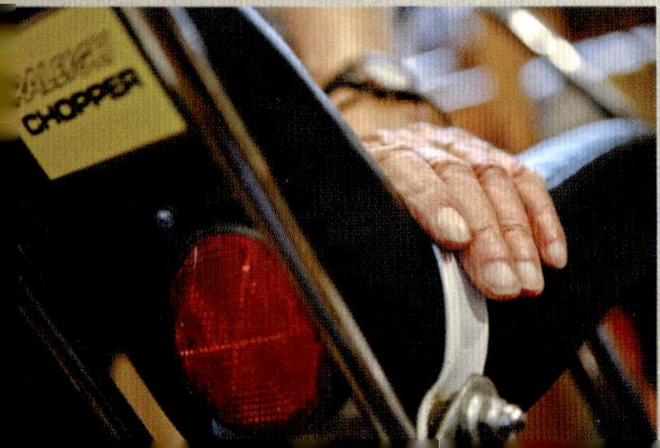

et son guidon très haut, ses roues de 50 centimètres (qui vous permettaient de faire une roue arrière spectaculaire en donnant un simple coup de fesses vers l'arrière de la selle), un levier de vitesse central monté sur le tube supérieur du cadre (et non pas un changement de vitesse au guidon) et des couleurs kaléidoscopiques.

« Récemment, certains ont malheureusement revendiqué la paternité du concept. Je n'enlève rien au talent de feu Alan Oakley qui dirigeait le département design de Raleigh, mais le concept était bien mon idée. Entrer dans des débats passionnés au sujet de cette paternité, ce n'est pas vraiment ma tasse de thé... D'autant que je connais la vérité. »

Le Chopper a joui d'une extraordinaire popularité jusqu'en 1984, lorsque le BMX l'a détrôné auprès des jeunes. un million et demi d'exemplaires avaient déjà été vendus. « En tant que designer, c'est vraiment merveilleux de voir que mon travail évoque toujours à de nombreuses personnes, des souvenirs de jeunesse, empreints de nostalgie. »

Les urbains stylés

« Nous ne cherchons pas particulièrement à être chic en pédalant : nous faisons tout simplement du vélo habillés comme tous les jours ! » explique Paul-Ronney Angel, le leader, chanteur et compositeur du groupe The Urban Voodoo Machine qu'il forme avec sa femme, Lady Ane Angel, joueuse de tuba, mais aussi cracheuse de feu et charmeuse de serpents à ses heures perdues.

Leurs vélos, signés Deuce, sont tout aussi excentriques : le couple leur a apporté sa touche personnelle en les ornant d'accessoires comme des embouts de chambre à air en forme de crâne. C'est Ane qui a acheté le sien en premier, à Copenhague. Paul, envieux, séduit par le style décontracté de ce vélo et par le confort apporté par ses larges pneus, a réussi à en dénicher un à Londres il y a cinq ans.

« On n'a pas vraiment besoin d'une voiture, surtout à Londres. Il existe des moyens de transport bien plus rapides et beaucoup moins stressants. On a opté pour des cruisers, ces vélos surtout utilisés en bord de plage. Je suis coiffeuse et je me rends tous les jours au travail à vélo. Les talons hauts ne sont peut-être pas le choix le plus commode pour pédaler, mais je ne changerais de look pour rien au monde ! »

RESERVED PARKING
Nº 11

THE URBAN VOODOO MACHINE
BOURBON SOAKED GYPSY BLUES BOP'N'STROLL
LONDON
IN BLACK 'N' RED

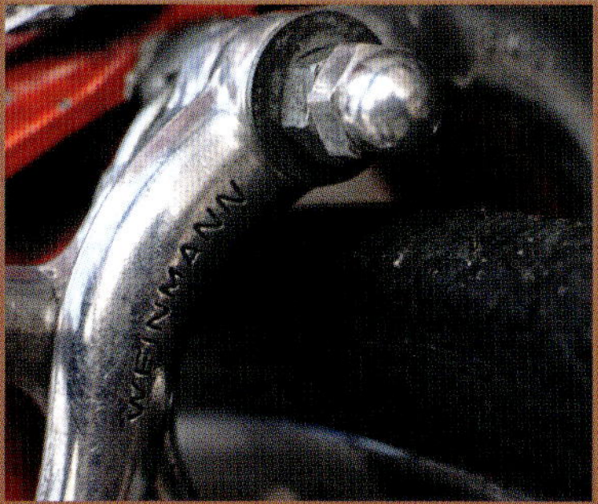

Yasi et Roy

« Mon vélo s'appelle Roy. J'en suis très fière, raconte Yasi, une sérigraphiste diplômée des Beaux-Arts. Roy est un vélo à pignon fixe : c'est le troisième que je possède et le deuxième que j'ai construit moi-même. J'ai passé plus d'un an à dénicher les meilleures pièces pour Roy. J'ai commencé par un cadre, un jeu de moyeux Phil Wood et un pédalier Campagnolo Pista, tous dénichés sur des sites Internet. Les autres pièces, dont une poignée de frein Dirty Harry ("l'inspecteur Harry", pour rester dans le thème des noms d'homme !), viennent toutes de vélos chinés : du coup, j'ai rencontré plein de vendeurs de vélos vintage et l'un d'eux est même devenu un bon ami.

Je n'ai pas choisi un vélo à pignon fixe pour paraître branchée – même si ce milieu compte pas mal d'adeptes très stylés. Si j'ai choisi Roy, c'est parce que je l'ai construit de mes propres mains et, honnêtement, les fixies sont bien plus pratiques en ville. Je n'ai pas encore annoncé la nouvelle à Roy, mais je suis en train de restaurer un autre vélo de collection – ça va être difficile de partager équitablement mon temps entre les deux ! »

Le vélo d'assaut urbain

« Quelques heures passées dans mon atelier avec le cadre d'un vieux BMX, une direction que j'ai moi-même construite sur mesure, des pneus ultralarges de type cruiser et quelques accessoires militaires ici ou là, et le tour est joué : un mois de boulot acharné plus tard, voilà ma dernière création, surnommée le "véhicule d'assaut urbain", raconte Neil Stanley. C'est ma vision de ce que devrait être un vélo moderne : un vélo couché. Le concept a beau être ridicule, ça marche ! Ce qui m'amuse le plus, c'est le design de ces engins et la phase de fabrication. J'en ai déjà construit quatre ! La méthode pour le piloter est très atypique: c'est un engin difficile à maîtriser. Vos pieds vous servent à pédaler, mais aussi à piloter grâce à la direction pivotante centrale placée à l'avant. Regardez : "Sans les mains !" »

33

Le savant fou

God straft onmiddellijk – qu'on peut traduire approximativement par «Dieu punit inévitablement!» C'est la sentence assénée par Riek à son mari Toon, alors qu'il venait de se casser la clavicule en tombant de son grand-bi. Riek estimait en effet que Toon l'avait bien mérité, car s'il avait pris son grand-bi ce jour-là, c'était pour observer en douce depuis son perchoir les jolies femmes sur leur vélo!

«Je n'aime pas particulièrement parcourir de longues distances à vélo. Les bicyclettes me fascinent parce que ce sont des machines inventives. Lorsque je tombe sur un vélo intéressant, je passe des heures à étudier sa mécanique. Tout a commencé avec mon premier vélo, un FN (construit par la Fabrique nationale d'Armes, en Belgique) de 1910 avec transmission par cardan. Pour le dire simplement, c'est un vélo sans chaîne dont la roue arrière, directement liée à la pédale, est entraînée par un cardan relié au moyeu. Il m'a été donné il y a une cinquantaine d'années par la veuve de son ancien propriétaire. J'ai tellement aimé étudier sa mécanique que depuis, je collectionne des vélos.»

Quant aux créations de Toon… Eh bien, seul un inventeur et un ingénieur de génie – avec un grain de folie tout de même – pouvait en avoir l'idée. Je vous mets au défi de trouver ailleurs une telle collection qui comprend un monocycle, un vélo monté sur sabots (affublé de socquettes patriotiques !), ou encore une bicyclette ornée d'un guidon en corne de taureau d'un 1,20 mètre de large.

« En général, c'est quand je mets la main sur des objets à jeter que j'ai l'idée de mes créations. Un jour, je participais à la réparation d'un clocher : mon esprit s'est mis à vagabonder, et comme souvent, j'ai commencé à me demander si je ne pouvais pas construire une horloge en état de marche avec des pièces de bicyclette. Tout le monde me disait que c'était impossible mais j'ai réussi.

Je chéris toutes mes créations, mais, si je devais partir sur une île (sur laquelle on ne peut se déplacer qu'à vélo) et en choisir une seule, je prendrais mon Adler équipé d'une boîte à trois vitesses au niveau du pédalier – c'est le vélo idéal, il est bien solide. Récemment mon médecin m'a conseillé de lever le pied (depuis qu'on m'a posé une prothèse de la hanche). Malgré tout, il en faudra plus pour m'arrêter : je compte bien jouer les inventeurs pendant encore de longues années. »

RIJWIELPAD

Le maillot jaune

S'il n'avait pas vécu une grave mésaventure à vélo dans sa jeunesse, il est fort probable qu'aujourd'hui sir Paul Smith ne serait pas considéré comme le plus grand couturier d'Angleterre. Le destin en a décidé autrement. Malgré tout, pendant toutes ces années de succès, sir Paul a gardé sa passion du cyclisme.

Parmi les nombreuses bicyclettes qui ornent son bureau, on trouve un vélo Principia en fibre de carbone de 6,9 kilos, un superbe Mercian qu'il a soudé de ses propres mains et toute une collection de cadres portant la signature Paul Smith, dont l'un de ses préférés a été finement ouvragé et peint à la main.

« On m'envoie toujours toutes sortes de beaux objets et de pièces de collection, très inspirants – et parfois bizarres », raconte Paul Smith. Mais, quand on connaît l'amour qu'il porte à la mode et au cyclisme, on imagine facilement ce qu'il peut collectionner…

LA FLAMME ROUGE
PRINCIPIA
DT SWISS

le Tour de France 2007
LCL
BANQUE

Sir Paul Smith,
adidas

Les maillots, évidemment ! Sir Paul côtoie l'élite du cyclisme mondial et il est ravi lorsque les champions pensent à lui envoyer leur maillot signé. De fait, son bureau regorge de maillots colorés – non encadrés, pour pouvoir les apprécier au toucher.

Cependant, un mystère persiste. Paul a une passion si profonde pour le cyclisme qu'on ne peut s'empêcher de se poser une question : renoncerait-il à la mode et à tous les succès qu'il a connus dans sa vie si on lui donnait l'opportunité de remporter le célèbre maillot jaune ? Il admet que c'est une question difficile et, pour une fois, semble ne pas savoir quoi répondre !

Lejeune

« Je ne suis pas une spécialiste des vélos, mais je savais que je voulais quelque chose qui sorte de l'ordinaire », explique Sucre d'Orge, une danseuse burlesque parisienne. Lejeune est un célèbre fabricant français de vélos classiques, connus à la fois pour leur raffinement esthétique et leur prix raisonnable. Un coureur a même participé au Tour de France 1972 sur un Lejeune. « J'ai tout de suite été séduite quand j'ai posé les yeux sur cette bicyclette Lejeune des années 1970. J'aime sa forme ; je trouve qu'elle a du chien. Ce n'est pas le plus beau vélo au monde, mais tout en lui me plaît. J'ai l'étrange sensation que nous sommes "semblables". J'aime être élégante, sur scène comme dans la vie. Du coup, quand je prends mon vélo, j'ai tendance à porter des vêtements vintage. Je ne réserve pas le glamour au burlesque ! Le week-end, ce que j'aime par-dessus tout, c'est faire une balade jusqu'au bois de Vincennes, surtout le dimanche car les voitures sont interdites le long de la Seine. C'est un vrai plaisir de faire du vélo à Paris. Aujourd'hui je vois cette ville différemment, elle me paraît plus petite et plus agréable ! »

G.B.BARALE

CORSA

Le vélo chiné

« Je suis toujours à l'affût de nouveaux vélos (en général anciens), confie John Abrahams. Mon père, Abe, n'était pas vraiment connu pour être un spécialiste des vélos, mais bel et bien un expert du matériel de pêche vintage. Il raffolait des vide-greniers et nous avions donc un arrangement. Le dimanche matin, s'il tombait sur un vélo, il m'appelait pour me le décrire. Parfois, il me ramenait des vélos intéressants, mais j'étais déçu le plus souvent. Une fois, il s'est aventuré jusqu'en Mayenne pour faire une brocante et il m'a dégotté ce Vélo Alan édition Super Gold de la fin des années 1970 pour dix euros – il avait même fait baisser le prix ! J'étais impressionné – il semblait avoir approfondi son savoir en matière de vélos. »

Les cadres de vélo Alan sont extrêmement rares et leurs manettes de vitesse sont magnifiquement gravées (comme le montrent celles, chromées, sur la photo de gauche). « J'avais hâte de voir quel autre bijou il allait pouvoir me dénicher, mais il est malheureusement mort d'un cancer peu de temps après. À première vue, l'histoire de mon vélo est sans doute beaucoup moins intéressante que d'autres ; pourtant, et vous comprenez désormais pourquoi, mon Alan a une grande valeur sentimentale. Je ne m'en séparerai jamais. »

Livraison spéciale

« À l'été 2011, je me suis portée volontaire pour travailler à l'association de développement par le vélo à Marina Da Gama, en Afrique du Sud. Cette association reçoit les bicyclettes dont les gens se débarrassent et forme les autochtones à les entretenir et à gérer un commerce. Le but est qu'ils ouvrent des magasins de vélos au sein de leur communauté », explique Elizabeth Jose, fondatrice du groupe de cyclistes new-yorkaises « We Bike NYC ».

« Un container est arrivé d'Angleterre avec un chargement de 70 bicyclettes Pashley Royal Mail, les vélos des facteurs au Royaume-Uni – j'ai eu le coup de foudre ! On a vidé le container et trié son contenu de façon à ce que les propriétaires de magasins puissent sélectionner leur stock. Je m'étais déjà attachée à un vélo en particulier, un Mail Star à cinq vitesses, si bien que lorsque les camions des commerçants sont arrivés pour en emporter un deuxième lot, je craignais que mon vélo adoré ne soit choisi : j'en avais l'estomac noué ! J'ai décidé de le mettre de côté, à l'abri des regards indiscrets, pour pouvoir m'en servir le temps de mon séjour – enfin, c'est ce que je pensais !

Ma mission de volontariat touchait à sa fin et je me préparais à faire mes adieux à tout le monde – y compris au vélo. Comme je n'arrivais pas vraiment à y renoncer, j'ai fini par m'adresser aux organisateurs. Ils ont accepté que j'achète le vélo contre des heures de travail supplémentaires. Même si l'affaire était conclue, il fallait le ramener à la maison. Toute une organisation ! J'avais déjà emporté mon vélo en Afrique et je ne pouvais pas en prendre deux dans l'avion du retour…

J'étais habituée à effectuer des longues distances à vélo. Quelques années auparavant, j'avais fait le tour des États-Unis – mais là, j'avais un petit problème : l'Atlantique à traverser ! L'info a circulé et on m'a dit qu'envoyer par la poste une

ONE WAY
UNITED STATES
POSTAL SERVICE

boîte d'un mètre coûtait dans les 200 dollars : parfait ! J'ai démonté le vélo de façon à le faire rentrer dans la boîte. On l'a ensuite chargé dans un break et conduit au bureau de poste. J'ai fièrement présenté mon beau paquet au postier, en déclarant : "Je souhaiterais envoyer ça à New York, s'il vous plaît !" Ce dernier m'a répondu : "Désolé, la boîte doit faire un mètre *en tout*, largeur, profondeur et hauteur combinées." Les autres options d'envoi coûtaient plus de 2 500 dollars ! Malgré tout, il était hors de question que j'abandonne.

On m'a fait tout un tas de suggestions, parmi lesquelles aller au port, charmer le responsable d'un container en direction de New York et lui demander de m'appeler à son arrivée – ça me semblait bien risqué !

En fin de compte, il m'est venu à l'esprit qu'une autre volontaire rentrait à Chicago. Par chance, elle voyageait léger ! Du coup, le vélo s'est envolé pour Chicago et, une fois là-bas, il m'a été envoyé par la poste.

Ça nous fait donc : Angleterre – Afrique du Sud – Chicago – New York ! C'est un super vélo, très polyvalent. Lorsque je tombe sur des touristes anglais et qu'ils voient cet objet familier, ils n'en croient pas leurs yeux. Parfois, je n'arrive pas à y croire moi-même ! »

Schwinn

« J'ai longtemps cherché un vélo pour pouvoir me déplacer rapidement et avec élégance dans les festivals où je vais avec mon mari Loggy, explique Estelle. On est tous les deux de grands fans du vintage – la musique, les vêtements, le style de vie, notre maison déborde d'objets américains rétro et éclectiques. Log savait que je rêvais depuis longtemps d'un vélo classique américain, de la marque Schwinn. »

Le style caractéristique des Schwinn et leur statut de pièce de collection séduisent les passionnés de vintage. Ceux-ci tolèrent leur poids imposant, mais résistent difficilement à l'envie de les customiser et de les accessoiriser – c'est le cas d'Estelle. Elle poursuit : « À ma grande surprise, Log m'en a offert un comme cadeau de Noël ! Il m'a demandé d'être patiente car mon Schwinn arrivait de Californie. Je me suis dit : "Encore mieux ! Il arrive tout droit des États-Unis et n'a jamais touché le sol anglais !" Mais je ne m'attendais pas à ce que la méthode d'expédition soit si… comment dire… unique en son genre… et c'est le moins qu'on puisse dire ! Au lieu d'un bon carton rempli de papier bulles, Log a décidé qu'une camionnette Chevrolet de 1950 serait plus appropriée ! Oui, c'est bien ça : après avoir

CO-ED

Schwinn

acheté le vélo sur Internet, mon cher et tendre a continué son shopping et a trouvé la camionnette ! Très malin...

Je suis sûre qu'il était animé des meilleures intentions lorsqu'il cherchait mon vélo : la camionnette s'est seulement avérée être un bon moyen de ramener mon Schwinn en Angleterre ! Pour sa défense, la camionnette figurait aussi sur ma liste de souhaits... L'affaire a donc vite été oubliée !

J'adore mon Schwinn Co-Ed de 1955. Ce n'est pas le vélo le plus léger qui soit, mais il est confortable et j'aime son style américain classique. Laissez-moi vous donner un petit conseil : méfiez-vous quand votre compagnon vous dit : "Regarde ce que je t'ai acheté !" car il pourrait bien y avoir anguille sous roche. »

Le chopper Raleigh

« Imaginez un peu. C'était au début des années 1970, une magnifique journée d'été. Je jouais au foot près de chez moi, dans le quartier de Notting Hill, à Londres », raconte le légendaire DJ Norman Jay (qui compte peut-être la reine Elisabeth II parmi ses fans depuis qu'il a été décoré de l'ordre de l'Empire britannique pour services rendus à la musique).

« Cet instant a changé ma vie. Un gamin est passé sur un vélo qui ne ressemblait à rien de ce que je connaissais. J'en suis resté bouche bée. Le silence s'est fait autour de moi ; tout est devenu gris, excepté ce chopper Raleigh jaune vif. Quelques secondes plus tard (une éternité !), je suis revenu à moi et, avec tous les autres enfants du parc, on a piqué un sprint en hurlant en chœur : "Allez, on va l'essayer !"

À l'époque, c'était la Rolls-Royce du vélo. Pourtant, les apparences sont trompeuses : ce vélo était très difficile à manier. Mais je m'en fichais : il donnait l'air cool et c'est tout ce qui compte aux yeux d'un enfant facilement impressionnable. Son prix étant élevé,

Good Times
HARBOR

je savais que je n'étais pas prêt d'en avoir un. Du coup, le chopper est venu rejoindre une mitrailleuse en plastique (autre jouet incontournable de mon époque) sur ma liste de souhaits. Je me suis contenté de mon vieux vélo, auquel j'ai tout de même ajouté un guidon de style chopper et tout un tas de feux avant : vu de face (mais certainement pas de côté !), on aurait juré que c'était un chopper.

L'amour que je porte à ces vélos n'a jamais diminué. À la fin des années 1980, un jour d'hiver neigeux, avec un peu d'argent en poche, j'ai repéré un chopper mauve dans une brocante. Il était vendu avec une boîte pleine de pièces, suffisamment pour pouvoir construire deux autres choppers... Le tout pour moins de dix livres !

Jusqu'à présent, j'ai réussi à accumuler 18 choppers qui sont tous éparpillés chez des amis ou de la famille. C'est un peu comme si j'avais mon propre service de location de vélos, prêts à l'emploi, à chaque fois que j'en ai besoin. Je suis sûr que ma collection diminuera un jour, mais j'en garderai toujours quelques-uns. »

Matteo

« J'ai acheté ce vélo avec l'argent gagné comme serveur dans un bar, raconte Matteo Scialom à propos de son vélo à pignon fixe ou fixie Gitane, un fabricant dont les vélos les plus renommés datent des années 1950 et 1960 – bien que celui de Matteo soit un modèle plus récent. « Je n'ai pas de voiture, ça ne sert pas à grand-chose à Paris ou dans n'importe quelle autre grande ville d'ailleurs. Du coup, pour moi, le vélo reste le meilleur moyen de me déplacer. Avec mon Gitane, je peux explorer Paris et découvrir des lieux secrets, non-touristiques, où il est difficile, voire impossible, de se rendre en voiture. J'adore la sensation que procure un fixie, mais je ne fais pas confiance à mes jambes quand elles sont fatiguées – d'où les freins ! Le vélo n'est pas toute ma vie, mais il occupe une grande place. »

BIÈRE PRESSION "LICORNE" BLONDE BIO
BIÈRE BOUTEILLE FLAG 4,50€
GAZELLE 7€
GIN TONIC 6€
SECOUSSE (VODKA, BISSAP, MARACUJÁ, CONCOMBRE) 7€
TI-PUNCH (RHUM, CITRON, SUCRE) 5€
PLANTEUR (RHUM, FRUITS, JUS DE FRUITS) 6€
VIN CÔTES DU RHONE 25€
CHAMPAGNE 60€
(MENTHE OU GRENADINE) 2€
MARACUJÁ) 4€
CAFÉ 2€
CRÈME 2.50€
CHOCOLAT 3.50€
THÉ 3.50€
CB À PARTIR DE 10€
cycles gitane

gitane

cycles

cycles

Le bon vieux temps

« Je suis toujours prêt à parler vélo. Il fut un temps où j'étais un vrai routier, un passionné, mais aujourd'hui, avec ma femme Wendy, j'ai plus tendance à prendre mon vélo pour me balader ou me rendre au travail. Ça reflète un certain style de vie », explique Simon. Ce dernier sait qu'il existe des magasins où l'on peut se procurer des vêtements modernes et adaptés à sa pratique du vélo mais comme vous pouvez le constatez, ceux-ci ne sont pas prêts de rejoindre sa garde-robe ! Son point de vue sur les vélos est résolument d'une autre époque.

« Mes vélos sont de styles et d'époques différents. Vous voyez, j'ai une bicyclette de policier des années 1930, bien solide et bien lourde, pas vraiment conçue pour atteindre des vitesses de pointe. Elle permettait aux agents d'appréhender les contrevenants en leur donnant un bon coup de guidon. Par ailleurs, oserais-je l'avouer, j'ai plusieurs vélos modernes dont un vélo de route Colnago des années 1970 et un VTT Holdsworth des années 1980.

Quand on part pour de plus longues expéditions à vélo, le soir, on retrouve notre fidèle camionnette Citroën Type H : elle est parfaite pour passer la nuit sur une aire de repos. Nous nous mettons en route avec un itinéraire bien précis en tête, sûrs de retrouver notre nid douillet au retour. C'est une pensée réconfortante à la fin d'une bonne journée de vélo.

Faire du vélo est l'un de nos principaux passe-temps depuis de nombreuses années, je peux donc affirmer sans crainte que nous continuerons encore longtemps à partir en balade. Quant à nos choix vestimentaires ? Nos vélos peuvent changer mais, nous, nous ne changerons pas ! »

Vélo vintage

Hugo et Edson du magasin Vélo vintage à Paris se procurent leur stock en parcourant la campagne française et en remplissant leur remorque de vélos délaissés. « Acheter ainsi devient plus difficile car les gens s'intéressent de plus en plus aux vélos anciens : du coup, les beaux spécimens sont plus rares. Malgré tout, la plupart du temps, on revient avec de belles prises. C'est un peu comme aller à la pêche aux vélos – vous savez qu'ils sont là, quelque part, mais les attraper demande du temps et de la patience. »

Le vélo présenté ici est un Stella, une marque française créée à Nantes en 1909. C'est sur des vélos de ce fabricant que Louison Bobet a remporté deux de ses Tours de France dans les années 1950.

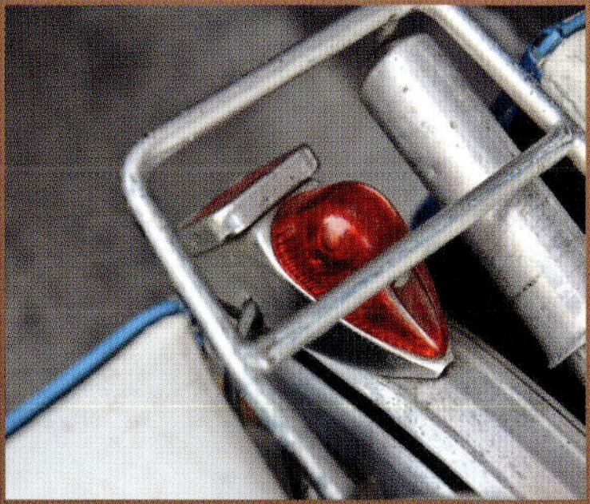

Le perfectionniste

« Selon moi, ce qui se rapproche le plus de la perfection en termes de deux-roues, ce sont les vélos de cyclotourisme français, construits sur mesure pour les amateurs fortunés. Ce sont des vélos équipés, solides, légers et élégants, appréciés autant pour leur confort que pour leur vitesse. Ils sont fiables par tous les temps, sur de bonnes routes ou de plus mauvaises, de jour comme de nuit, dans les montées laborieuses comme dans les descentes vertigineuses », explique Guy, un New-Yorkais de Brooklyn, à propos de son léger Johnny Coast à dix-huit vitesses doté d'un porte-bagages fait main pour accrocher les sacoches en toile et en cuir.

« C'est étrange. Pendant plus d'une génération, les vélos des "constructeurs" comme Alex Singer et René Herse, en plein essor après la Seconde Guerre mondiale, sont tombés dans l'oubli. Jusqu'à ce que des fabricants de vélos américains, notamment J.P. Weigle dans le Connecticut, se penchent il y a une dizaine d'années sur ces superbes vélos et les fassent connaître au grand public. Grâce à leur travail remarquable, il semblerait qu'on assiste à la renaissance des vélos de cyclotourisme.

Dans mon cas, j'ai eu un coup de foudre en regardant la photo d'un des premiers vélos René Herse. Par la suite, j'ai passé plus de deux ans à en "fabriquer" un moi-même. À l'origine, je comptais acheter un vélo vintage, mais je me suis dit que j'apprendrais plus si je faisais appel à un constructeur de cadres en activité pour m'en fabriquer un sur mesure, en choisissant les écrous et les boulons moi-même. En outre, quelle chance avais-je de trouver un original parfaitement adapté, avec toutes mes pièces préférées, et en suffisamment bon état pour rouler ? Le reste, comme je dis, appartient à l'histoire.

Mon aventure avec Phillips

« Je suis tombée amoureuse de plusieurs bicyclettes dans ma vie, mais je n'ai eu des relations de longue durée qu'avec trois d'entre elles, confie Hannah. Le vélo n'occupait pas une grande place dans ma vie d'adulte, jusqu'à ce que je déménage à Cambridge. Vous ne pouvez pas vraiment prétendre vivre dans cette ville si vous ne faites pas de vélo. Je m'en suis rendue compte dès ma sortie de la gare. Devant moi il y avait une "mer" de vélos. Il y en avait partout, attachés à tout et n'importe quoi. Après quelques vélos provisoires que j'utilisais pour faire la navette entre mes trois jobs à mi-temps, j'ai acheté mon vélo, un Phillips verts des années 1920. C'est à ce moment-là que je suis devenue accro à la "Rolls" du vélo. À mon avis, un vélo ayant acquis le statut de Rolls se doit d'être en acier, lourd – pas du tout fait pour les petites balades ou pour être transporté dans

les trains. En prime, il est tellement confortable, on ne sent quasiment aucune secousse. Et il est construit pour durer... enfin, presque !

« Au bout de quelques années, mon Phillips a commencé à dépérir, et les choses sont devenues préoccupantes quand le cadre a cassé net. Sans me décourager, sur les conseils d'un ami, je me suis rendue chez John Wayne, un soudeur hors du commun. J'ai appris par la suite que les vélos n'étaient pas vraiment son fort. Quand j'ai récupéré mon vélo, après "l'opération", il était probablement plus dangereux que quand je l'avais déposé ! J'ai bientôt perdu tout espoir de voir ma beauté retrouver son lustre d'antan. Malgré tout, grâce à l'aide d'un ami, un vrai "chirurgien cycliste", mon Phillips est désormais en voie de guérison. Entre-temps, je flirte avec un Raleigh des années 1950 et une vraie beauté que j'ai empruntée – un vélo de course George Longstaff. »

L'antre du raton laveur

«Au magasin, on me compare souvent à un raton laveur. C'est une comparaison justifiée puisqu'on me trouve souvent en train de faire les poubelles, à récupérer ci ou ça pour une prochaine création», explique Adam Gaskill de Gaskill's Hop Shop. On trouve des vélos absolument géniaux dans cet établissement. On pourrait dire que ceux-ci ont une histoire «imaginaire» – faits pour paraître anciens, bien que créés aujourd'hui.

Assembler un vélo à partir de matériel en partie récupéré dans les poubelles, c'est une manière très agréable de construire. En fait, "construire" n'est pas le mot approprié pour décrire le procédé : "sculpter" serait un mot plus juste. Essayer une pièce, voir si elle convient, puis l'affiner pour qu'elle trouve parfaitement sa place. Évidemment, le vélo peut s'éloigner du concept original : durant tout le processus de création, il peut évoluer surtout si je déniche un nouvel objet dans la benne à ordures.

Je suis originaire du Tennessee. Pour faire honneur à mes racines et en clin d'œil à l'animal emblématique de cet État, j'accroche fièrement une queue de raton laveur à mes vélos. Et, bien sûr, ils portent tous ma signature. Quand on me demande de résumer mes vélos, je réponds : "Vois grand ou rentre chez toi !"»

Le vélo pliant BSA

Les BSA parachutistes de 1942-1945 sont des vélos pliants de fabrication anglaise ayant servi lors de la Seconde Guerre mondiale. Ils atterrissaient en territoire ennemi soit équipés de leur propre parachute, soit portés par un parachutiste qui les larguait juste avant d'atterrir. Ces BSA ont bien servi de moyens de transport sur les champs de bataille, mais ils furent moins utilisés que prévu. Le but était de rendre les soldats plus mobiles afin qu'ils puissent s'éloigner de la zone de droppage et se rendre sur les lieux du combat plus rapidement.

Mizutani

Voici un exemple d'un vélo vintage japonais, le Mizutani Super Cycle, en parfait état. Observez la finesse des détails sur le garde-boue avant, les manchons et la dynamo chromé, ainsi que les freins à tirage central à l'ancienne.

Le vélo-scooter

Le Elswick-Hopper Scoo-Ped était le nec plus ultra des vélos carénés du début des années 1950. Seuls quelques-uns ont survécu. Tous les ados rêvaient d'en avoir un car il ressemblait beaucoup à un scooter – le seul inconvénient, c'était le risque de se faire arrêter par un policier trop zélé qui supposait, à tort, que c'était une mobylette !

CharRie's Café

« J'adore tenter des expériences avec les vélos – et j'aime énormément le bon café. Du coup, quel meilleur moyen de concilier mes deux amours que le "CharRie's Café", mon café-vélo ? explique Rie Sawada. En 2010, à Nagoya au Japon, j'ai organisé des rencontres devant un magasin de vélos. Tous les dimanches, je m'y installais et je préparais mon café jusqu'à ce que je quitte le Japon pour déménager à l'étranger. Aujourd'hui, on peut croiser Rie dans les rues de Berlin, ou dans les nombreux rassemblements autour du vélo, sur son Nishiki vintage. C'est toujours un plaisir de la voir : elle sert son café et ses cookies faits maison.

Le bunker nucléaire secret

Ces bicyclettes étaient autrefois utilisées pour traverser à la hâte le tunnel de 91 mètres qui mène à l'entrée d'un bunker nucléaire « secret » qu'on peut désormais visiter à Kelvedon Hatch dans le comté d'Essex.

Le critérium des porteurs de journaux

Le critérium des porteurs de journaux était une course cycliste annuelle très populaire et très médiatisée. Chaque grande rédaction de presse écrite montait son équipe. La course se déroulait sur une bonne trentaine de kilomètres dans les rues de Paris, chaque coureur portait une charge de 15 kilos de journaux attachés à son porte-bagage. On proclamait le gagnant de la course « livreur de journaux le plus rapide de Paris ». À l'époque, tous les kiosques de la capitale se faisaient livrer leurs journaux à vélos – ce qui donnait la chance aux livreurs de montrer l'étendue de leur talent. Ces courses commencèrent dès 1895 et se poursuivirent jusqu'au milieu des années 1960. Le vélo de Miq Keeland est un bel exemple de vélo de porteur, typique des années 1930. Peut-être a-t-il été utilisé lors d'une de ces courses ? Qui sait ?

Changer les choses

Vous allez le voir dans ce chapitre, certaines personnes se servent de la bicyclette pour sensibiliser le public aux questions d'économie d'énergie ou pour favoriser le développement dans certaines régions du monde. Le vélo offre en effet de sérieux avantages, car il n'a besoin que de vos efforts pour avancer.

Nous nous rendrons tout d'abord au Ghana où les vélos contribuent largement à améliorer la vie de la population, en lui fournissant un moyen de transport fiable et accessible. En ouvrant un magasin de vélos, des communautés isolées ont la chance de devenir plus prospères ce qui booste l'économie locale. Dans une métropole développée comme Pékin, la bicyclette occupe le devant de la scène depuis des décennies. Malgré les avancées économiques et sociales spectaculaires, on compte toujours sur le vélo pour le commerce, puisqu'il peut facilement se frayer un chemin dans les rues étroites et encombrées de la ville.

Une bibliothèque mobile à Portland dans l'Oregon, permet aux moins chanceux de s'évader et de s'instruire. Pour d'autres, une bicyclette sert de tribune pour exprimer leur créativité, à tout moment et en tout lieu. Une association utilise même le vélo comme moyen d'éducation.

On trouvera aussi des exemples plus décalés, parmi lesquels un homme qui lutte contre le capitalisme de manière bien excentrique. Quant à Matt, il a besoin de son fidèle acolyte pour accomplir un devoir de première importance – venir en aide à ceux qui traversent une crise vestimentaire !

Re-Cycle

« Dire que les vélos peuvent améliorer la vie des gens n'est pas un cliché. Depuis que notre programme a débuté en 1998, nous avons vu ce qu'ils permettaient de réaliser. Grâce à eux, on peut aider de façon durable de nombreuses communautés dans le besoin en Afrique », explique Derek qui travaille pour Re-Cycle depuis 2006, après qu'un licenciement économique l'a poussé à changer de carrière. Il voulait que son temps soit mis à contribution pour des choses utiles.

« Notre méthode est simple : nous encourageons les gens à faire don des vieux vélos qui croupissent dans leur garage ou leur abri de jardin. Une fois qu'ils sont à notre dépôt, soit on démonte complètement les bécanes inutilisables pour conserver leurs pièces, soit on les expédie par container – chaque container en contient en général 400. Lorsqu'ils arrivent dans nos organisations partenaires en Afrique, les vélos sont remis à neuf avant d'être distribués. Cette association caritative a un autre objectif : apprendre aux autochtones à entretenir les vélos – c'est bien de donner un moyen de transport aux gens, c'est mieux de leur apprendre à le conserver en état.

DR Congo
Ghana
Gambia

De nombreuses personnes dans les régions pauvres d'Afrique n'ont pas accès, ou qu'un accès limité, aux diverses formes de transport. Sans mode de transport, le développement des individus, comme celui des communautés, est lent voire impossible. Les bicyclettes permettent de réduire le fardeau de tâches apparemment simples, mais qui demandent du temps et de la main-d'œuvre. Par exemple, aller chercher de l'eau ou du bois va bien plus vite avec un vélo. Le temps ainsi gagné peut être mis à profit pour l'amélioration des conditions sociales et le développement des perspectives d'emploi. Par ailleurs, les vélos donnent la possibilité aux petits fermiers et aux petits commerçants de se faire de nouveaux clients dans des zones plus éloignées.

À ce jour, nous avons envoyé plus de 100 containers, soit près de 42000 vélos, dans de nombreux pays d'Afrique – et la liste ne fait que s'allonger. Notre réussite n'aurait pas été possible sans l'aide des personnes merveilleuses qui nous donnent de leur temps, de l'argent et – plus important encore – leur vélo ! »

Les vélos-cargo de Pékin

Dans cette mégalopole qu'est Pékin, on utilise encore des véhicules à trois roues pour transporter des cargaisons en tout genre. En réalité, c'est même un mode de transport en plein essor. Cela s'explique en partie par l'existence de lois, limitant l'entrée de la ville aux gros camions, qui incitent les commerçants à se tourner vers des transports plus écolos. On a beaucoup à apprendre de cette pratique, surtout dans les grandes villes toujours plus étendues et plus polluées.

Quartet tricycle

Afin de contourner des lois en vigueur à Amsterdam empêchant les concerts en pleine rue, De Bakfietsband, un talentueux groupe de musique, a imaginé une solution astucieuse : aller vers les habitants de la ville pour jouer leur musique. Pour cela, ils ont transformé un vieux triporteur de marchand de poisson en scène mobile, unique en son genre, sur lequel ils ont rassemblé un piano de taille réduite, une batterie et un violoncelle, le tout emmené par le coup de pédale du saxophoniste.

Les vélos de l'espace

Volle Band, un groupe d'Amsterdam, a ajouté des supports spéciaux à des vélos très différents pour y installer des modules sonores, visuels et informatiques et ainsi permettre un large éventail de productions audiovisuelles. Les données peuvent également être transmises par WIFI entre les vélos. En outre, des capteurs fixés sur les rayons des roues aident à transformer ces engins en véritables instruments roulants. Toutefois, les choses sont plus simples lorsque deux vélos musicaux jouent ensemble des morceaux qui se répondent.

Révolution

« Appuyer sur un bouton après avoir rempli une pleine bouilloire d'eau (alors qu'on ne se prépare qu'une seule tasse de thé), c'est bien trop facile. C'est la force de l'habitude – on ne se préoccupe guère de la ressource naturelle utilisée pour générer l'électricité : elle nous parvient si facilement ! On penserait davantage à notre consommation d'énergie si on devait pédaler pendant 60 minutes pour produire les 3 kilowatts d'énergie nécessaires à la bouilloire. La bicyclette nous en donne un exemple tangible », explique Adam du collectif Révolution magnifique, une association sans but lucratif, mais à visée pédagogique.

Depuis 2007, Révolution magnifique sensibilise les Londoniens aux questions de consommation d'énergie et leur montre qu'ils peuvent vraiment faire changer les choses grâce aux technologies renouvelables, à faibles émissions de carbone, et en construisant leurs propres installations de microgénération.

« Le cinéma Cycle-In porte bien son nom. On organise et on promeut des événements cinématographiques dans divers lieux de Londres. Les spectateurs viennent au cinéma à vélo, accrochent leur bécane à un home-trainer relié à un générateur, puis pédalent afin de produire l'énergie requise pour le projecteur et la sono du film. Avec vingt vélos, nous pouvons fournir jusqu'à un kilowatt d'énergie.

Pendant le film, les spectateurs peuvent consulter un système d'affichage qui leur montre l'énergie produite et consommée. »

Des livres pour tous

« J'ai créé une librairie mobile sur une bicyclette pour les gens qui vivent dans la rue », explique Laura Moulton, mère de deux enfants, écrivaine et fondatrice de la librairie Street Books. « Il n'y a pas de date de rendu, ni de frais de retard – mes clients ont d'autres chats à fouetter au quotidien. Contrairement à une bibliothèque ordinaire, vous n'avez pas besoin de me fournir de preuve de votre identité, ni de domiciliation. Je fonctionne seulement à la confiance. Les clients sont surpris quand je leur dis qu'ils peuvent emprunter un livre rien qu'en apposant leur signature sur une carte de bibliothèque old school – à la seule condition qu'ils ramènent l'ouvrage une fois fini. Et ils le ramènent toujours – faisant taire ceux qui me disaient au début que je ne reverrai jamais mes livres. J'ai eu quelques clients qui sont même venus me voir pour s'excuser car l'ouvrage qu'ils avaient emprunté avait été volé ou abîmé par la pluie – et j'en suis touchée. Quand ils me ramènent un livre, ils s'attardent souvent pour me parler de leur lecture. Ce sont des moments précieux, c'est toujours agréable d'échanger avec quelqu'un autour des livres.

Ils ne sont pas moins intelligents, ils ne s'expriment pas moins bien, ils n'ont pas moins soif de connaissance parce qu'ils sont SDF. La vie a joué un mauvais tour à certains d'entre eux. La plupart avaient un boulot stable avant, mais un coup du sort les a conduits à vivre dans la rue. Personnellement, je connais le pouvoir de la lecture et le sentiment d'évasion qu'elle peut procurer. Pour nous, il est facile d'entrer dans une librairie et d'acheter un livre, ou d'aller à la bibliothèque du coin – pourquoi ceux qui vivent dehors n'y auraient pas droit ? »

Deux fois par semaine, sans exception, Laura se rend à vélo dans le centre-ville de Portland, dans l'Oregon, avec son magnifique triporteur personnalisé, chargé de livres. « Pas question de ne pas être au point de rendez-vous à l'heure. Street Books est un élément stable dans la vie de mes clients : je fournis un cadre, une routine à ceux qui n'en ont pas ou peu. Street Books a connu le succès grâce à l'exceptionnel soutien de toute la communauté et grâce à mes clients. J'ai engagé des bibliothécaires pour m'aider et des personnes d'autres villes nous ont contactés car elles souhaitent monter leur propre bibliothèque de rue. »

Dandy 911

Fine and Dandy est un magasin d'accessoires pour hommes situé à New York. Le magasin possède un service de livraison le « Dandy 911 » pour les cas d'urgence. Matt Fox, le propriétaire de l'établissement, doit son amour des vêtements chics à son grand-père. « Il n'y a pas de règles en matière de style. Il faut essayer et créer des ensembles assortis. Portez toujours ce que vous aimez. Et surtout, n'ayez pas peur de faire preuve de perspicacité », déclare Matt.

Matt vend des « accessoires pour les hommes soignés ». Pour un dépannage de dernière minute, un simple coup de téléphone et il vole à votre secours ! Avec son nouveau vélo de la marque Schwinn – d'inspiration vintage –, il livre en un temps record ceinture de smoking, mouchoir de poche, pochette de costume, cravate ou autre paire de chaussettes. Manhattan, de la 14e à la 89e rue, n'a jamais été entre de meilleures mains.

AUGUST WILSON
JERSEY BOYS
PARK
"A TIDAL WAVE!"
"SPECTACULAR!"
"FABULOUS!"

Le facteur en grand-bi

« J'ai été victime de mon succès. Je ne voulais pas arrêter, surtout que ça marchait vraiment bien, mais j'ai dû m'y résoudre au grand soulagement de mes jambes fatiguées ! De plus, je n'étais quasiment jamais à la maison et même mon grand-bi commençait à se lasser », explique Graham, un artiste qui s'est un temps chargé de distribuer le courrier dans sa ville natale de Cornouailles. Graham a vu ce grand-bi unique en son genre sur Internet, avec son guidon de style chopper, et l'a acheté sur un coup de tête bien avant de monter sa propre « poste ».

« Ce n'était pas vraiment sérieux : je n'ai jamais tenté de rivaliser avec la poste et ses trente-six mille lettres par jour ! En jouant au facteur sur mon grand-bi, je voulais seulement m'amuser, me rebeller à ma manière contre la forte augmentation qu'ont connue les timbres en 2012. Je dessinais et imprimais moi-même mes propres timbres, les "grands-bis noirs". Au départ, les magasins du coin me servaient de lieux de dépôt pour mes lettres, puis j'ai créé mes propres boîtes aux lettres jaune vif, fabriquées à partir de bonbonnes de gaz. Après le dernier ramassage de la journée, je rentrais chez moi et je triais les courriers pour la tournée du lendemain. Au sommet de ma gloire, je distribuais plus de 150 lettres par jour en suivant un itinéraire soigneusement planifié de 24 kilomètres. Ma carrière de facteur a beau avoir été courte, elle fut très agréable. »

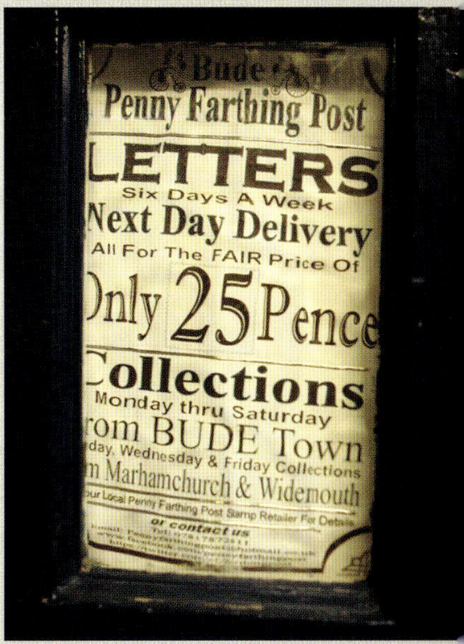
Bude
Penny Farthing Post
LETTERS
Six Days A Week
Next Day Delivery
All For The FAIR Price Of
Only 25 Pence
Collections
Monday thru Saturday
rom BUDE Town
day, Wednesday & Friday Collections
n Marhamchurch & Widemouth
our Local Penny Farthing Post Stamp Retailer For Details
or contact us

BUDE
BAY
Marhamchurch

Le vélo-projecteur

« Notre but est de nous approprier l'espace public grâce à des techniques audiovisuelles. Nous voulons montrer aux gens que le vélo peut être polyvalent, en leur faisant prendre conscience des possibilités qu'offre l'espace public », expliquent Didier et Daan Dirk, les membres fondateurs de Volle Band, un projet artistique d'Amsterdam qui consiste à multiplier les performances sur des vélos dans les lieux publics.

Didier poursuit : « Tout a commencé avec une vieille caravane que nous avons customisée : nous l'avons équipée de vingt télés – grâce aux fenêtres et à des trous que nous avions percés dans les murs. Puis nous avons uni nos forces à Sjoerd qui a étudié la musique ; à Olle qui a étudié la philosophie et la médecine ; et à Zac, un guitariste venu d'Australie. C'est lors de nos études à Amsterdam que nous avons monté notre groupe – on se retrouvait souvent chez Kwikfiets, le célèbre magasin de réparation de vélos... Ça a été le point de départ de nombreuses collaborations artistiques.

Ensemble, on a développé l'idée de mobilité, en construisant des vélos multimédias pour effectuer toutes sortes de performances audiovisuelles. Notre "vélo-projecteur", un vélo-cargo modifié qu'on appelle affectueusement le "vaisseau mère", est équipé de modules encastrés qui permettent d'associer un ou deux projecteurs, des enceintes avec une console de mixage, un petit ordinateur, et deux grandes lampes qui servent aussi de phares avant, ainsi que des éclairages pour nos performances dans les endroits sombres. » On comprend maintenant le nom de cette bicyclette hors du commun, le « vélo-projecteur » !

Volle Band

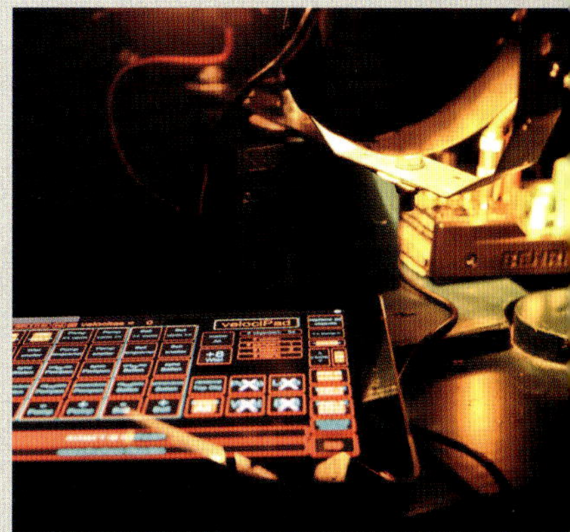
velociPad

Le vélo pliant

« Mon premier vélo était un Raleigh Chipper… et non un chopper – même si j'aurais bien aimé ! J'ai vraiment découvert l'amour du vélo lorsque j'ai été muté au service de police du métro après les attentats de Londres du 7 juillet 2005. Pour gagner du temps sur mes trajets jusqu'à la gare, j'ai décidé d'acheter un vélo pliant Brompton.

Malheureusement, mon premier Brompton m'a été volé ; ironique, compte tenu du fait que je travaille désormais pour une brigade spéciale, financée par la société des transports londoniens. Nous sommes 30 officiers qui lutte contre le vol de vélos. Les chiffres sont alarmants : plus de 21 000 vélos ont été volés l'an dernier. En plus d'encourager les gens à bien attacher leur vélo, à l'aide de bons antivols, nous les incitons à enregistrer leur numéro de cadre, en ligne sur internet et à signaler tout vol à la police.

Suite au vol de mon premier Brompton, j'ai pensé qu'il valait mieux exploiter le potentiel de customisation, avec une combinaison de couleurs qui le rendrait plus facilement repérable en cas de vol. Mon Brompton m'a accompagné partout, y compris à Bombay, et je projette de partir prochainement au Japon. Lorsque j'ai fait une escapade à vélo de Londres à Paris pour aller voir le Tour de France, j'ai pu prendre mon Brompton en bagage à main dans le train… »

Le Raleigh Explorer

Ce Raleigh Explorer, équipé d'une sirène Pifco Super Sonic assourdissante, est un bel exemple de bicyclette des années 1950, construite pour durer avec un minimum d'entretien – d'où son unique vitesse. Rien n'a été fait, ni dans son design ni dans sa fabrication, pour la rendre plus légère. Observez le guidon cintre plat recourbé, la selle en cuir à ressorts et le célèbre logo, un héron, sur la plaque avant.

Paris

Carnet d'adresses

Boutiques

Bicycle Store Paris
17, boulevard du Temple
75003 Paris
www.bicyclestore.fr/accueil

Brixton Cycles
www.brixtoncycles.co.uk

Chopperdome
www.thechopperdome.com

Ici Bike
www.ichibike.com

La Maison du vélo
37, boulevard Bourdon
75004 Paris

Franscoop Le Vélo par Nature
47 Rue Servan
75011 Paris

En selle Marcel
www.ensellemarcel.over-blog.com
40, rue Tiquetonne
75002 Paris

Vélo 18
velo-vintage.com
58, rue du Ruisseau
75018 Paris

Vintage Schwinn
www.vintageschwinn.com

Vêtements et accessoires

Le Coq Sportif
www.lecoqsportif.com

TWO n FRO
www.215w11.com

La boutique vintage du vélo
www.douzedents.com

Marques vélo

Alan
www.alanbike.it

Bianchi
www.bianchi.com

Colnago
www.colnago.com/fr/

Deuce
www.deucemotorbicycles.com

Fuji
www.fujibikes.com

Gitane
www.gitane.com

Johnny Coast
www.johnnycoast.com

Koga
www.koga.com

Lapierre
www.cycles-lapierre.fr

Cycles Mercier
www.cyclesmercier.com

Mizutani
www.mizutanibike.co.jp

Peugeot
cycles.peugeot.fr

Phillips
www.phillipscycles.co.uk

Raleigh
www.raleigh.com

René Herse
www.reneherse.com

Divers

Fédération française des Usagers de la Bicyclette
12 rue des Bouchers
67000 Strasbourg
www.fubicy.org

Chopperdome
www.thechopperdome.com

L'Eroica
www.eroicafan.it

Réseaux ateliers vélos participatifs et solidaires
www.heureux-cyclage.org

Web magazine du vélo urbain
www.weelz.fr/fr/

Site de troc de vélos
www.troc-velo.com

Tumblr
velovintage.tumblr.com

Têtes de Poupées
(Métro Temple)
ROBES
de
BOURLIOT, 32, rue des
&FOND
PIANOS
BALADEUSES
SOLIDE ET LÉGÈRE
PRATIQUE ET DURABLE
AU MEILLEUR PRIX
Par la Grande Série
SYLVA
Demandez la Notice A.
CARTONS PERFO
ORGUES
CARTONS
Vve F. VERHERTBRUGGE
BONNETERIE EN
(Tarif Hiver 1927)
BAISSE
DE 30 A 35%
ORCHESTROPHONES
TONS PERFORES
ONAIRE FRÈRES
OLI & Cie
EMOINE
MONAIRE Frères
PARIS-XIIe

Crédits

Nous tenons à remercier tous les propriétaires qui nous ont permis de photographier leur vélo.

Toutes les photographies sont de Lyndon McNeil, sauf mention contraire.
www.lyndonmcneil.com

Le vélo rassemble

Pages 14-17 La cabane à vélos, Briggy, Londres.
Pages 18-19 Fixed'n chips, Gavin Strange, Bristol (photographies de Gavin Strange).
Pages 20-21 Le club du jeudi, John Rhodes.
Pages 22-23 Le guide, Thomas Callahan, Brooklyn, New York.
Pages 24-25 La coopérative, Brixton Cycles, Londres.
Pages 26-28 La compagnie des vieux vélos, Tim Gunn, Essex.
Pages 29-31 Le club des coureurs classiques, Brooklyn, New York.
Pages 32-35 Le ministère des bicyclettes, Bill Pollard, Northampton (photographies de Lyndon McNeil et Steve Rideout).
Pages 36-37 Le royaume du sur mesure, Joseph Nocella, Brooklyn, New York.
Pages 38-39 La vélothèque, Karta Healy, Londres.
Pages 40-41 Le Chopperdome, Amsterdam.
Pages 42-43 Sargent & Co, Rob Sargent, Londres.
Pages 44-45 Les vélos de Benjamin, Ben Peck, Brooklyn, New York.
Pages 46-48 Le baroudeur, Daniel Koenig, Iowa (photographies de Jill Brown).
Page 49 Star Bikes Café, Linda Pluimers, Amsterdam.
Pages 50-51 L'assemblée des Guv'nors, Adam Rodgers.
Pages 52-53 L'électron libre, Willem, Amsterdam.
Page 54 Burning Man, Nevada (photographies de Marc van Woudenberg).
Page 55 Portrait de l'artiste à vélo, Etaïnn Zwer, Paris (photographies de The Bikerist, Jérémy Beaulieu www.thebikerist.com).
Page 56 En selle Marcel, Bruno Urvoy, Paris.
Page 56 Le « café-vélo », Londres.
Page 57 Le cimetière des vélos, Peter Horstmann, Allemagne (photographies de Oliver Schulze).
Page 57 Les canaux à vélo, Christian Campers, Bruges.

Relever le défi

Pages 60-63 Le tour du monde à vélo, Mark Beaumont, Écosse (photographies de Chris Haddon).
Pages 64-65 Le polo-vélo, London Hardcourt Bike Polo Association.
Pages 66-67 Le champion olympique, Tommy Godwin.
Pages 68-69 Le Montagnard, Jim Sullivan, Londres.
Pages 70-71 L'Eroica, Italie (photographies d'Angelo Ferrillo).
Pages 72-73 Brixton Billy, William Prendergast, Londres.
Pages 74-75 Le tour du monde en grand-bi, Joff Summerfield, Londres.
Page 76 Le vélodrome de Herne Hill, Londres
Page 77 Rollapaluza, Londres (photographies de Rollapaluza Outreach, Little Monstas).

Les non-conformistes

Pages 82-85 Le collectionneur, Count Martindt, Cally Von Callomon.
Pages 86-87 Le designer, Tom Karen, Cambridge.
Page 88-90 Les urbains stylés, Paul-Ronney Angel, Lady Ane Angel, Londres.
Page 91 Yasi et Roy, Yasemin Richards, Londres.
Pages 92-93 Le vélo d'assaut urbain, Neil Stanley.
Pages 94-97 Le savant fou, Toon Boumans, Hollande.
Pages 98-100 Le maillot jaune, sir Paul Smith, Londres.
Page 101 Lejeune, Sucre d'Orge, Paris.
Pages 102-103 Le vélo chiné, John Abrahams.
Pages 104-107 Livraison spéciale, Elizabeth Jose, Brooklyn, New York.
Pages 108-111 Schwinn, Estelle Bilson.
Pages 112-114 Le chopper Raleigh, Norman Jay, Londres.
Pages 115-117 Matteo, Matteo Scialom, Paris (photographié au Comptoir Général www.lecomptoirgeneral.com).
Pages 118-120 Le bon vieux temps, Simon et Wendy Doughty.
Page 121 Vélo vintage, Hugo Badia, Edson Delgado, Paris.
Pages 122-125 Le perfectionniste, Guy Lesser, Brooklyn, New York.
Pages 126-127 Mon aventure avec Phillips, Hannah Newham, Londres.
Pages 128-129 L'antre du raton laveur, Adam Gaskill, Tennessee (photographies Daniel Youree Lewis).
Page 130 Le vélo pliant BSA, Vernon Crisp.
Page 131 Mizutani, Bruno Urvoy, Paris.
Page 132 Le vélo-scooter, David Gray (photographies de Chris Haddon).
Page 132 CharRies café, Rie Sawada, Berlin, Allemagne.
Page 133 Le bunker nucléaire secret, Kelvedon Hatch.
Page 133 Le critérium des porteurs de journaux, Miq Keeland (photographies de Chris Haddon).

Changer les choses

Pages 136-138 Re-Cycle, Derek Fordham, (photographies de Lyndon McNeill et Jason Finch).
Page 139 Les vélos-cargo de Pékin, Pékin, Chine.
Pages 140-141 Quartet tricycle, De Bakfiets, Amsterdam.
Page 142 Les vélos de l'espace, Amsterdam.
Page 143 Révolution, Adam Walker, Londres.
Pages 144-145 Des livres pour tous, Laura Moulton, Portland, Oregon (photographies de Jodi Darby).
Pages 146-147 Dandy 911, Matt Fox, Manhattan, New York.
Pages 148-149 Le facteur en grand-bi, Graham Eccles (photographies de Chris Haddon).
Pages 150-151 Le vélo-projecteur, Amsterdam.
Pages 152-153 Le vélo pliant, Titus Halliwell, Londres.
Page 154 Le Raleigh Explorer.
Page 155 Cyclope Bikes, Paris.